GW00385013

PASTELES Y GALLETAS
2021

UNA SELECCIÓN DE RECETAS SABROSAS PARA CADA OCASIÓN

MARTINA RUBIO

Tabla de contenido

Galletas de avena y pasas

Hace 20

175 g / 6 oz / ¾ taza de harina común (para todo uso)

150 g / 5 oz / 1¼ tazas de copos de avena

5 ml / 1 cucharadita de jengibre molido

2,5 ml / ½ cucharadita de levadura en polvo

2,5 ml / ½ cucharadita de bicarbonato de sodio (bicarbonato de sodio)

100 g / 4 oz / ½ taza de azúcar morena suave

50 g / 2 oz / 1/3 taza de pasas

1 huevo, ligeramente batido

150 ml / ¼ pt / 2/3 taza de aceite

60 ml / 4 cucharadas de leche

Mezcle los ingredientes secos, agregue las pasas y haga un hueco en el centro. Agregue el huevo, el aceite y la leche y mezcle hasta obtener una masa suave. Coloque cucharadas de la mezcla en una bandeja para hornear (para galletas) sin engrasar y aplaste un poco con un tenedor. Hornee en horno precalentado a 200 ° C / 400 ° F / marca de gas 6 durante 10 minutos hasta que esté dorado.

Galletas de avena especiadas

Hace 30

100 g / 4 oz / ½ taza de mantequilla o margarina, ablandada

100 g / 4 oz / ½ taza de azúcar morena suave

100 g / 4 oz / ½ taza de azúcar en polvo (superfina)

1 huevo

2,5 ml / ½ cucharadita de esencia de vainilla (extracto)

100 g / 4 oz / 1 taza de harina común (para todo uso)

2,5 ml / ½ cucharadita de bicarbonato de sodio (bicarbonato de sodio)

Una pizca de sal

5 ml / 1 cucharadita de canela molida

Una pizca de nuez moscada rallada

100 g / 4 oz / 1 taza de copos de avena

50 g / 2 oz / ½ taza de nueces mixtas picadas

50 g / 2 oz / ½ taza de chispas de chocolate

Batir la mantequilla o margarina y los azúcares hasta que estén suaves y esponjosos. Incorpora poco a poco el huevo y la esencia de vainilla. Mezcle la harina, el bicarbonato de sodio, la sal y las especias y agregue a la mezcla. Agregue la avena, las nueces y las chispas de chocolate. Deje caer cucharaditas redondeadas en una bandeja para hornear engrasada (para galletas) y hornee las galletas (galletas) en un horno precalentado a 180 ° C / 350 ° F / marca de gas 4 durante 10 minutos hasta que estén ligeramente doradas.

Galletas Integrales de Avena

Rinde 24

100 g / 4 oz / ½ taza de mantequilla o margarina

200 g / 7 oz / 1¾ tazas de avena

75 g / 3 oz / ¾ taza de harina integral (integral)

50 g / 2 oz / ½ taza de harina común (para todo uso)

5 ml / 1 cucharadita de levadura en polvo

50 g / 2 oz / ¼ taza de azúcar demerara

1 huevo, ligeramente batido

30 ml / 2 cucharadas de leche

Frote la mantequilla o margarina en la avena, las harinas y el polvo de hornear hasta que la mezcla se parezca a pan rallado. Agregue el azúcar, luego mezcle el huevo y la leche para hacer una masa firme. Estirar la masa sobre una superficie ligeramente enharinada hasta aproximadamente 1 cm / ½ pulg. De espesor y cortar en rodajas con un cortador de 5 cm / 2 pulg. Coloque las galletas (galletas) en una bandeja para hornear engrasada (para galletas) y hornee en un horno precalentado a 190 ° C / 375 ° F / marca de gas 5 durante aproximadamente 15 minutos hasta que estén doradas.

Galletas de naranja

Rinde 24

100 g / 4 oz / ½ taza de mantequilla o margarina, ablandada

50 g / 2 oz / ¼ taza de azúcar en polvo (superfina)

Corteza rallada de 1 naranja

150 g / 5 oz / 1¼ tazas de harina con levadura (levadura)

Batir la mantequilla o margarina y el azúcar hasta que esté suave y esponjoso. Trabaje en la cáscara de naranja, luego mezcle con la harina para hacer una mezcla firme. Forme bolas grandes del tamaño de una nuez y colóquelas bien separadas en una bandeja para hornear engrasada (para galletas), luego presione ligeramente con un tenedor para aplanar. Hornee las galletas (galletas) en un horno precalentado a 180 ° C / 350 ° F / marca de gas 4 durante 15 minutos hasta que estén doradas.

Galletas de naranja y limón

Hace 30

50 g / 2 oz / ¼ taza de mantequilla o margarina, ablandada

75 g / 3 oz / 1/3 taza de azúcar en polvo (superfina)

1 yema de huevo

Corteza rallada de ½ naranja

15 ml / 1 cucharada de jugo de limón

150 g / 5 oz / 1¼ tazas de harina común (para todo uso)

2,5 ml / ½ cucharadita de levadura en polvo

Una pizca de sal

Batir la mantequilla o margarina y el azúcar hasta que esté suave y esponjoso. Mezcle gradualmente la yema de huevo, la cáscara de naranja y el jugo de limón, luego agregue la harina, el polvo de hornear y la sal para hacer una masa firme. Envuelva con film transparente (envoltura de plástico) y enfríe durante 30 minutos.

Extienda sobre una superficie ligeramente enharinada hasta un grosor de aproximadamente 5 mm / ¼ de pulgada y córtela en formas con un cortador de galletas. Coloque las galletas en una bandeja para hornear engrasada (para galletas) y hornee en un horno precalentado a 190 ° C / 375 ° F / marca de gas 5 durante 10 minutos.

Galletas de naranja y nueces

Rinde 16

100 g / 4 oz / ½ taza de mantequilla o margarina

75 g / 3 oz / 1/3 taza de azúcar en polvo (superfina)

Corteza rallada de ½ naranja

150 g / 5 oz / 1¼ tazas de harina con levadura (levadura)

50 g / 2 oz / ½ taza de nueces, molidas

Batir la mantequilla o margarina con 50 g / 2 oz / ¼ de taza de azúcar y la cáscara de naranja hasta que quede suave y cremosa. Agrega la harina y las nueces y vuelve a batir hasta que la mezcla comience a juntarse. Forme bolas y aplánelas sobre una bandeja para hornear engrasada (para galletas). Hornee las galletas (galletas) en un horno precalentado a 190 ° C / 375 ° F / marca de gas 5 durante 10 minutos hasta que se doren por los bordes. Espolvorear con el azúcar reservado y dejar enfriar un poco antes de transferir a una rejilla para enfriar.

Galletas con chispas de chocolate y naranja

Hace 30

50 g / 2 oz / ¼ taza de mantequilla o margarina, ablandada

75 g / 3 oz / 1/3 taza de manteca de cerdo (manteca vegetal)

175 g / 6 oz / ¾ taza de azúcar morena suave

100 g / 7 oz / 1¾ tazas de harina integral (integral)

75 g / 3 oz / ¾ taza de almendras molidas

10 ml / 2 cucharaditas de polvo de hornear

75 g / 3 oz / ¾ taza de gotas de chocolate

Corteza rallada de 2 naranjas

15 ml / 1 cucharada de jugo de naranja

1 huevo

Azúcar en polvo (superfino) para espolvorear

Batir la mantequilla o margarina, la manteca de cerdo y el azúcar morena hasta que esté suave y esponjoso. Agregue los ingredientes restantes excepto el azúcar en polvo y mezcle hasta formar una masa. Estirar sobre una superficie enharinada a 5 mm / ¼ de espesor y cortar en bizcochos con un cortador de galletas. Colocar en una bandeja para hornear engrasada (para galletas) y hornear en un horno precalentado a 180 ° C / 350 ° F / marca de gas 4 durante 20 minutos hasta que estén doradas.

Galletas de naranja especiadas

Hace 10

225 g / 8 oz / 2 tazas de harina común (para todo uso)

2,5 ml / ½ cucharadita de canela molida

Una pizca de especias mixtas (tarta de manzana)

75 g / 3 oz / 1/3 taza de azúcar en polvo (superfina)

150 g / 5 oz / 2/3 taza de mantequilla o margarina, ablandada

2 yemas de huevo

Corteza rallada de 1 naranja

75 g / 3 oz / ¾ taza de chocolate natural (semidulce)

Mezcle la harina y las especias, luego agregue el azúcar. Batir la mantequilla o margarina, las yemas de huevo y la cáscara de naranja y mezclar hasta obtener una masa suave. Envuelva en plástico transparente y déjelo enfriar durante 1 hora.

Coloque la masa en una manga pastelera equipada con una boquilla de estrella grande (punta) y tubos en una bandeja para hornear engrasada (para galletas). Hornee en un horno precalentado a 190 ° C / 375 ° F / marca de gas 5 durante 10 minutos hasta que se doren. Dejar enfriar.

Derrita el chocolate en un recipiente resistente al calor colocado sobre una cacerola con agua hirviendo a fuego lento. Sumerja los extremos de las galletas en el chocolate derretido y déjelas en una hoja de papel para hornear hasta que cuaje.

Galletas de mantequilla de maní

Hace 18

100 g / 4 oz / ½ taza de mantequilla o margarina, ablandada

100 g / 4 oz / ½ taza de azúcar en polvo (superfina)

100 g / 4 oz / ½ taza de mantequilla de maní crujiente o suave

60 ml / 4 cucharadas de jarabe dorado (maíz ligero)

15 ml / 1 cucharada de leche

175 g / 6 oz / 1½ tazas de harina común (para todo uso)

2,5 ml / ½ cucharadita de bicarbonato de sodio (bicarbonato de sodio)

Batir la mantequilla o margarina y el azúcar hasta que esté suave y esponjoso. Mezcle la mantequilla de maní, seguida del almíbar y la leche. Mezcle la harina y el bicarbonato de sodio y mezcle con la mezcla, luego amase hasta que quede suave. Forme un tronco y enfríe hasta que esté firme.

Córtelos en rodajas de 5 mm / ¼ de grosor y colóquelos en una bandeja para hornear (para galletas) ligeramente engrasada. Hornee las galletas (galletas) en un horno precalentado a 180 ° C / 350 ° F / marca de gas 4 durante 12 minutos hasta que estén doradas.

Mantequilla de maní y remolinos de chocolate

Rinde 24

50 g / 2 oz / ¼ taza de mantequilla o margarina, ablandada

50 g / 2 oz / ¼ taza de azúcar morena suave

50 g / 2 oz / ¼ taza de azúcar en polvo (superfina)

50 g / 2 oz / ¼ taza de mantequilla de maní suave

1 yema de huevo

75 g / 3 oz / ¾ taza de harina común (para todo uso)

2,5 ml / ½ cucharadita de bicarbonato de sodio (bicarbonato de sodio)

50 g / 2 oz / ½ taza de chocolate natural (semidulce)

Batir la mantequilla o margarina y los azúcares hasta que estén suaves y esponjosos. Mezcle gradualmente la mantequilla de maní y luego la yema de huevo. Mezcle la harina y el bicarbonato de sodio y bata en la mezcla para hacer una masa firme. Mientras tanto, derrita el chocolate en un recipiente resistente al calor colocado sobre una olla con agua hirviendo a fuego lento. Estirar la masa a 30 x 46 cm / 12 x 18 pulgadas y extender con el chocolate derretido casi hasta los bordes. Enrolle por el lado largo, envuélvalo en film transparente (envoltura de plástico) y enfríe hasta que esté firme.

Corte el rollo en rodajas de 5 mm / ¼ y colóquelo en una bandeja para hornear (para galletas) sin engrasar. Hornee en horno precalentado a 180 ° C / 350 ° F / marca de gas 4 durante 10 minutos hasta que esté dorado.

Galletas de avena y mantequilla de maní

Rinde 24

75 g / 3 oz / 1/3 taza de mantequilla o margarina, ablandada

75 g / 3 oz / 1/3 taza de mantequilla de maní

150 g / 5 oz / 2/3 taza de azúcar morena suave

1 huevo

50 g / 2 oz / ½ taza de harina común (para todo uso)

2,5 ml / ½ cucharadita de levadura en polvo

Una pizca de sal

Unas gotas de esencia de vainilla (extracto)

75 g / 3 oz / ¾ taza de copos de avena

40 g / 1½ oz / 1/3 taza de chispas de chocolate

Batir la mantequilla o margarina, la mantequilla de maní y el azúcar hasta que estén suaves y esponjosos. Incorpora poco a poco el huevo. Incorporar la harina, el polvo de hornear y la sal. Agregue la esencia de vainilla, la avena y las chispas de chocolate. Deje caer cucharadas en una bandeja para hornear engrasada (para galletas) y hornee las galletas (galletas) en un horno precalentado a 180 ° C / 350 ° F / marca de gas 4 durante 15 minutos.

Galletas de mantequilla de maní con miel y coco

Rinde 24

120 ml / 4 fl oz / ½ taza de aceite

175 g / 6 oz / ½ taza de miel clara

175 g / 6 oz / ¾ taza de mantequilla de maní crujiente

1 huevo batido

100 g / 4 oz / 1 taza de copos de avena

225 g / 8 oz / 2 tazas de harina integral (integral)

50 g / 2 oz / ½ taza de coco desecado (rallado)

Mezcle el aceite, la miel, la mantequilla de maní y el huevo, luego agregue los ingredientes restantes. Deje caer cucharadas en una bandeja para hornear engrasada (para galletas) y aplaste ligeramente a unos 6 mm / ¼ de espesor. Hornee las galletas (galletas) en un horno precalentado a 180 ° C / 350 ° F / marca de gas 4 durante 12 minutos hasta que estén doradas.

Galletas De Nuez De Nuez

Rinde 24

100 g / 4 oz / ½ taza de mantequilla o margarina, ablandada

45 ml / 3 cucharadas de azúcar morena suave

100 g / 4 oz / 1 taza de harina común (para todo uso)

Una pizca de sal

5 ml / 1 cucharadita de esencia de vainilla (extracto)

100 g / 4 oz / 1 taza de nueces pecanas, finamente picadas

Azúcar en polvo (de repostería), tamizado, para espolvorear

Batir la mantequilla o margarina y el azúcar hasta que esté suave y esponjoso. Incorpora poco a poco los ingredientes restantes, excepto el azúcar glas. Forme bolas de 3 cm / 1½ pulgadas y colóquelas en una bandeja para hornear engrasada (para galletas). Hornee las galletas (galletas) en un horno precalentado a 160 ° C / 325 ° F / marca de gas 3 durante 15 minutos hasta que estén doradas. Sirve espolvoreado con azúcar glas.

Galletas Molinillo

Rinde 24

175 g / 6 oz / 1½ tazas de harina común (para todo uso)

5 ml / 1 cucharadita de levadura en polvo

Una pizca de sal

75 g / 3 oz / 1/3 taza de mantequilla o margarina

75 g / 3 oz / 1/3 taza de azúcar en polvo (superfina)

Unas gotas de esencia de vainilla (extracto)

20 ml / 4 cucharaditas de agua

10 ml / 2 cucharaditas de cacao en polvo (chocolate sin azúcar)

Mezcle la harina, el polvo de hornear y la sal, luego frote la mantequilla o la margarina hasta que la mezcla se parezca a pan rallado. Agrega el azúcar. Agregue la esencia de vainilla y el agua y mezcle hasta obtener una masa suave. Forme una bola, luego córtela por la mitad. Incorpora el cacao a la mitad de la masa. Extienda cada pieza de masa en un rectángulo de 25 x 18 cm / 10 x 7 y coloque una encima de la otra. Enrolle suavemente para que se peguen. Enrolle la masa por el lado largo y presione suavemente. Envuelva en film transparente (envoltura de plástico) y enfríe durante unos 30 minutos.

Córtelos en rodajas de 2,5 cm de grosor y colóquelos bien separados en una bandeja para hornear engrasada (para galletas). Hornee las galletas (galletas) en un horno precalentado a 180 ° C / 350 ° F / marca de gas 4 durante 15 minutos hasta que estén doradas.

Galletas rápidas de suero de leche

Hace 12

75 g / 3 oz / 1/3 taza de mantequilla o margarina

225 g / 8 oz / 2 tazas de harina común (para todo uso)

15 ml / 1 cucharada de levadura en polvo

2,5 ml / ½ cucharadita de sal

175 ml / 6 fl oz / ¾ taza de suero de leche

Azúcar glas (repostería), tamizada, para espolvorear (opcional)

Frote la mantequilla o la margarina en la harina, el polvo de hornear y la sal hasta que la mezcla parezca pan rallado. Agregue gradualmente el suero de leche para hacer una masa suave. Extienda la mezcla sobre una superficie ligeramente enharinada a unos 2 cm / ¾ de grosor y córtela en rodajas con un cortador de galletas. Coloque las galletas en una bandeja para hornear engrasada (para galletas) y hornee en un horno precalentado a 230 ° C / 450 ° F / marca de gas 8 durante 10 minutos hasta que estén doradas. Espolvoree con azúcar glas, si lo desea.

Galletas de pasas

Rinde 24

100 g / 4 oz / ½ taza de mantequilla o margarina, ablandada

50 g / 2 oz / ¼ taza de azúcar en polvo (superfina)

Corteza rallada de 1 limón

50 g / 2 oz / 1/3 taza de pasas

150 g / 5 oz / 1¼ tazas de harina con levadura (levadura)

Batir la mantequilla o margarina y el azúcar hasta que esté suave y esponjoso. Trabaje en la cáscara de limón, luego mezcle las pasas y la harina para hacer una mezcla firme. Forme bolas grandes del tamaño de una nuez y colóquelas bien separadas en una bandeja para hornear engrasada (para galletas), luego presione ligeramente con un tenedor para aplanar. Hornee las galletas (galletas) en un horno precalentado a 180 ° C / 350 ° F / marca de gas 4 durante 15 minutos hasta que estén doradas.

Galletas Suaves de Pasas

Rinde 36

100 g / 4 oz / 2/3 taza de pasas

90 ml / 6 cucharadas de agua hirviendo

50 g / 2 oz / ¼ taza de mantequilla o margarina, ablandada

175 g / 6 oz / ¾ taza de azúcar en polvo (superfina)

1 huevo, ligeramente batido

2,5 ml / ½ cucharadita de esencia de vainilla (extracto)

175 g / 6 oz / 1½ tazas de harina común (para todo uso)

2,5 ml / ½ cucharadita de levadura en polvo

1,5 ml / ¼ cucharadita de bicarbonato de sodio (bicarbonato de sodio)

2,5 ml / ½ cucharadita de sal

2,5 ml / ½ cucharadita de canela molida

Una pizca de nuez moscada rallada

50 g / 2 oz / ½ taza de nueces mixtas picadas

Coloque las pasas y el agua hirviendo en una olla, lleve a ebullición, tape y cocine a fuego lento durante 3 minutos. Dejar enfriar. Batir la mantequilla o margarina y el azúcar hasta que esté suave y esponjoso. Incorpora poco a poco el huevo y la esencia de vainilla. Incorporar la harina, el polvo de hornear, el bicarbonato de sodio, la sal y las especias alternativamente con las pasas y el líquido de remojo. Agregue las nueces y mezcle hasta obtener una masa suave. Envuelva en film transparente (envoltura de plástico) y enfríe durante al menos 1 hora.

Deje caer cucharadas de masa en una bandeja para hornear engrasada (para galletas) y hornee las galletas (galletas) en un horno precalentado a 180 ° C / 350 ° F / marca de gas 4 durante 10 minutos hasta que estén doradas.

Rebanadas de pasas y melaza

Rinde 24

25 g / 1 oz / 2 cucharadas de mantequilla o margarina, ablandada

100 g / 4 oz / ½ taza de azúcar en polvo (superfina)

1 yema de huevo

30 ml / 2 cucharadas de melaza negra (melaza)

75 g / 3 oz / ½ taza de grosellas

150 g / 5 oz / 1¼ tazas de harina común (para todo uso)

5 ml / 1 cucharadita de bicarbonato de sodio (bicarbonato de sodio)

5 ml / 1 cucharadita de canela molida

Una pizca de sal

30 ml / 2 cucharadas de café negro frío

Batir la mantequilla o margarina y el azúcar hasta que esté suave y esponjoso. Poco a poco, agregue la yema de huevo y la melaza, luego agregue las grosellas. Mezcle la harina, el bicarbonato de sodio, la canela y la sal y revuelva con la mezcla con el café. Tape y enfríe la mezcla.

Estirar hasta formar un cuadrado de 30 cm y luego enrollar en un tronco. Coloque en una bandeja para hornear engrasada (para galletas) y hornee en un horno precalentado a 180 ° C / 350 ° F / marca de gas 4 durante 15 minutos hasta que esté firme al tacto. Cortar en rodajas y dejar enfriar sobre una rejilla.

Galletas Ratafia

100 g / 4 oz / ½ taza de azúcar granulada

50 g / 2 oz / ¼ taza de almendras molidas

15 ml / 1 cucharada de arroz molido

1 clara de huevo

25 g / 1 oz / ¼ taza de almendras en copos (en rodajas)

Mezcle el azúcar, las almendras molidas y el arroz molido. Batir la clara de huevo y seguir batiendo durante 2 minutos. Coloque galletas (galletas) del tamaño de una nuez en una bandeja para hornear (para galletas) forrada con papel de arroz con una boquilla (punta) simple de 5 mm / ¼ de pulgada. Coloque una almendra en copos encima de cada galleta. Hornee en un horno precalentado a 190 ° C / 375 ° F / marca de gas 5 durante 15 minutos hasta que esté dorado.

Galletas de arroz y muesli

Rinde 24

75 g / 3 oz / ¼ taza de arroz integral cocido

50 g / 2 oz / ½ taza de muesli

75 g / 3 oz / ¾ taza de harina integral (integral)

2,5 ml / ½ cucharadita de sal

2,5 ml / ½ cucharadita de bicarbonato de sodio (bicarbonato de sodio)

5 ml / 1 cucharadita de especias molidas mezcladas (pastel de manzana)

30 ml / 2 cucharadas de miel clara

75 g / 3 oz / 1/3 taza de mantequilla o margarina, ablandada

Mezcle el arroz, el muesli, la harina, la sal, el bicarbonato de sodio y la mezcla de especias. Batir la miel y la mantequilla o la margarina hasta que estén blandas. Batir con la mezcla de arroz. Forme bolas del tamaño de una nuez con la mezcla y colóquelas bien separadas en bandejas para hornear engrasadas (para galletas). Aplanar ligeramente, luego hornear en un horno precalentado a 190 ° C / 375 ° F / marca de gas 5 durante 15 minutos o hasta que se doren. Deje enfriar durante 10 minutos, luego transfiera a una rejilla para terminar de enfriar. Almacenar en un recipiente hermético.

Cremas Romaní

Hace 10

25 g / 1 oz / 2 cucharadas de manteca de cerdo (manteca vegetal)

25 g / 1 oz / 2 cucharadas de mantequilla o margarina, ablandada

50 g / 2 oz / ¼ taza de azúcar morena suave

2,5 ml / ½ cucharadita de sirope dorado (maíz ligero)

50 g / 2 oz / ½ taza de harina común (para todo uso)

Una pizca de sal

25 g / 1 oz / ¼ taza de copos de avena

2,5 ml / ½ cucharadita de especias molidas mezcladas (tarta de manzana)

2,5 ml / ½ cucharadita de bicarbonato de sodio (bicarbonato de sodio)

10 ml / 2 cucharaditas de agua hirviendo

Glaseado de mantequilla

Batir la manteca de cerdo, la mantequilla o la margarina y el azúcar hasta que estén suaves y esponjosos. Batir el almíbar, luego agregar la harina, la sal, la avena y la mezcla de especias y revolver hasta que esté bien mezclado. Disuelva el bicarbonato de sodio en el agua y mezcle para hacer una masa firme. Forme 20 bolitas del mismo tamaño y colóquelas bien separadas en bandejas para hornear engrasadas (para galletas). Aplana ligeramente con la palma de tu mano. Hornee en un horno precalentado a 160 ° C / 325 ° F / marca de gas 3 durante 15 minutos. Dejar enfriar sobre las bandejas de horno. Cuando esté frío, empareje pares de galletas junto con el glaseado de mantequilla (glaseado).

Galletas de arena

Hace 48

100 g / 4 oz / ½ taza de mantequilla o margarina dura, ablandada

225 g / 8 oz / 1 taza de azúcar morena suave

1 huevo, ligeramente batido

225 g / 8 oz / 2 tazas de harina común (para todo uso)

Clara de huevo para glasear

30 ml / 2 cucharadas de maní triturado

Batir la mantequilla o margarina y el azúcar hasta que esté suave y esponjoso. Batir el huevo y luego mezclar con la harina. Estirar muy finamente sobre una superficie ligeramente enharinada y cortar en formas con un cortador de galletas. Coloque las galletas en una bandeja para hornear engrasada (para galletas), cepille la parte superior con clara de huevo y espolvoree con maní. Hornee en horno precalentado a 180 ° C / 350 ° F / marca de gas 4 durante 10 minutos hasta que esté dorado.

Galletas de crema agria

Rinde 24

50 g / 2 oz / ¼ taza de mantequilla o margarina, ablandada

175 g / 6 oz / ¾ taza de azúcar en polvo (superfina)

1 huevo

60 ml / 4 cucharadas de crema agria (agria)

2. 5 ml / ½ cucharadita de esencia de vainilla (extracto)

150 g / 5 oz / 1¼ tazas de harina común (para todo uso)

2,5 ml / ½ cucharadita de levadura en polvo

75 g / 3 oz / ½ taza de pasas

Batir la mantequilla o margarina y el azúcar hasta que esté suave y esponjoso. Incorpora poco a poco el huevo, la nata y la esencia de vainilla. Mezcle la harina, el polvo de hornear y las pasas y revuelva en la mezcla hasta que esté bien mezclado. Deje caer cucharaditas redondeadas de la mezcla en bandejas para hornear (para galletas) ligeramente engrasadas y hornee en un horno precalentado a 180 ° C / 350 ° F / marca de gas 4 durante aproximadamente 10 minutos hasta que estén doradas.

Galletas de Azúcar Morena

Rinde 24

100 g / 4 oz / ½ taza de mantequilla o margarina, ablandada

100 g / 4 oz / ½ taza de azúcar morena suave

1 huevo, ligeramente batido

2,5 ml / 1 cucharadita de esencia de vainilla (extracto)

150 g / 5 oz / 1¼ tazas de harina común (para todo uso)

2,5 ml / ½ cucharadita de bicarbonato de sodio (bicarbonato de sodio)

Una pizca de sal

75 g / 3 oz / ½ taza de pasas sultanas (pasas doradas)

Batir la mantequilla o margarina y el azúcar hasta que esté suave y esponjoso. Incorpora poco a poco el huevo y la esencia de vainilla. Agregue los ingredientes restantes hasta que quede suave. Deje caer cucharaditas redondeadas bien separadas en una bandeja para hornear (para galletas) ligeramente engrasada. Hornee las galletas (galletas) en un horno precalentado a 180 ° C / 350 ° F / marca de gas 4 durante 12 minutos hasta que estén doradas.

Galletas de azúcar y nuez moscada

Rinde 24

50 g / 2 oz / ¼ taza de mantequilla o margarina, ablandada

100 g / 4 oz / ½ taza de azúcar en polvo (superfina)

1 yema de huevo

2,5 ml / ½ cucharadita de esencia de vainilla (extracto)

150 g / 5 oz / 1¼ tazas de harina común (para todo uso)

5 ml / 1 cucharadita de levadura en polvo

Una pizca de nuez moscada rallada

60 ml / 4 cucharadas de crema agria (agria)

Batir la mantequilla o margarina y el azúcar hasta que esté suave y esponjoso. Batir la yema de huevo y la esencia de vainilla, luego agregar la harina, el polvo de hornear y la nuez moscada. Incorpora la crema hasta que quede suave. Cubra y enfríe durante 30 minutos.

Estire la masa a 5 mm / ¼ de espesor y córtela en 5 cm / 2 en rondas con un cortador de galletas. Coloque las galletas en una bandeja para hornear (para galletas) sin engrasar y hornee en un horno precalentado a 200 ° C / 400 ° F / marca de gas 6 durante 10 minutos hasta que estén doradas.

Mantecada

Rinde 8

150 g / 5 oz / 1¼ tazas de harina común (para todo uso)

Una pizca de sal

25 g / 1 oz / ¼ taza de harina de arroz o arroz molido

50 g / 2 oz / ¼ taza de azúcar en polvo (superfina)

100 g / 4 oz / ¼ taza de mantequilla o margarina dura, refrigerada y rallada

Mezcle la harina, la sal y la harina de arroz o el arroz molido. Agregue el azúcar, luego la mantequilla o la margarina. Trabaja la mezcla con las yemas de los dedos hasta que se asemeje al pan rallado. Presione en un molde (molde) para sándwiches de 18 cm / 7 pulgadas y nivele la parte superior. Pinche todo con un tenedor y marque en ocho cuñas iguales, cortando hasta la base. Deje enfriar durante 1 hora.

Hornee en un horno precalentado a 150 ° C / 300 ° F / marca de gas 2 durante 1 hora hasta que tenga un color pajizo pálido. Dejar enfriar en la lata antes de desmoldar.

Bizcocho de Navidad

Hace 12

175 g / 6 oz / ¾ taza de mantequilla o margarina

250 g / 9 oz / 2¼ tazas de harina común (para todo uso)

75 g / 3 oz / 1/3 taza de azúcar en polvo (superfina)

Para el aderezo:

15 ml / 1 cucharada de almendras picadas

15 ml / 1 cucharada de nueces, picadas

30 ml / 2 cucharadas de pasas

30 ml / 2 cucharadas de cerezas glaseadas (confitadas), picadas

Corteza rallada de 1 limón

15 ml / 1 cucharada de azúcar en polvo (superfina) para espolvorear

Frote la mantequilla o la margarina en la harina hasta que la mezcla se parezca a pan rallado. Agrega el azúcar. Presione la mezcla para formar una pasta y amase hasta que quede suave. Presione en un molde para panecillos suizo engrasado (molde para panecillos de gelatina) y nivele la superficie. Mezcle los ingredientes de la cobertura y presiónelos en la pasta. Marque en 12 dedos, luego hornee en un horno precalentado a 180 ° C / 350 ° F / marca de gas 4 durante 30 minutos. Espolvorear con azúcar en polvo, cortar en dedos y dejar enfriar en la lata.

Shortbread con miel

Hace 12

100 g / 4 oz / ½ taza de mantequilla o margarina, ablandada

75 g / 3 oz / ¼ taza de miel

200 g / 7 oz / 1¾ tazas de harina integral (integral)

25 g / 1 oz / ¼ taza de harina de arroz integral

Corteza rallada de 1 limón

Batir la mantequilla o la margarina y la miel hasta que estén blandas. Agregue las harinas y la cáscara de limón y trabaje hasta obtener una masa suave. Presionar en un molde (molde) para tartas o galletas de mantequilla de 18 cm / 7 engrasado y enharinado y pinchar todo con un tenedor. Marque en 12 cuñas y doble los bordes. Deje enfriar durante 1 hora.

Hornee en un horno precalentado a 150 ° C / 300 ° F / marca de gas 2 durante 40 minutos hasta que esté dorado. Cortar en los trozos marcados y dejar enfriar en la lata.

Bizcocho de limón

Hace 12

100 g / 4 oz / 1 taza de harina común (para todo uso)

50 g / 2 oz / ½ taza de harina de maíz (maicena)

100 g / 4 oz / ½ taza de mantequilla o margarina, ablandada

50 g / 2 oz / ¼ taza de azúcar en polvo (superfina)

Corteza rallada de 1 limón

Azúcar en polvo (superfino) para espolvorear

Tamizar la harina y la maicena juntas. Batir la mantequilla o la margarina hasta que se ablanden, luego incorporar el azúcar en polvo hasta que quede pálida y esponjosa. Agregue la cáscara de limón y luego bata la mezcla de harina hasta que esté bien mezclado. Extienda el bizcocho hasta formar un círculo de 20 cm / 8 y colóquelo en una bandeja para hornear engrasada (para galletas). Pincha todo con un tenedor y flauta los bordes. Cortar en 12 gajos, luego espolvorear con azúcar en polvo. Enfriar en la nevera durante 15 minutos. Hornee en un horno precalentado a 160 ° C / 325 ° F / marca de gas 3 durante 35 minutos hasta que esté dorado pálido. Deje enfriar en la bandeja para hornear durante 5 minutos antes de colocarlo en una rejilla para terminar de enfriar.

Shortbread de carne picada

Rinde 8

175 g / 6 oz / ¾ taza de mantequilla o margarina, ablandada

50 g / 2 oz / ¼ taza de azúcar en polvo (superfina)

225 g / 8 oz / 2 tazas de harina común (para todo uso)

60 ml / 4 cucharadas de carne picada

Batir la mantequilla o la margarina y el azúcar hasta que estén blandas. Trabajar en la harina, luego en la carne picada. Presione en un molde para sándwiches de 23 cm / 7 pulgadas y nivele la parte superior. Pinche todo con un tenedor y marque en ocho cuñas, cortando hasta la base. Deje enfriar durante 1 hora.

Hornee en un horno precalentado a 160 ° C / 325 ° F / marca de gas 3 durante 1 hora hasta que tenga un color pajizo pálido. Dejar enfriar en la lata antes de desmoldar.

Bizcocho de nueces

Hace 12

100 g / 4 oz / ½ taza de mantequilla o margarina, ablandada

50 g / 2 oz / ¼ taza de azúcar en polvo (superfina)

100 g / 4 oz / 1 taza de harina común (para todo uso)

50 g / 2 oz / ½ taza de arroz molido

50 g / 2 oz / ½ taza de almendras, finamente picadas

Batir la mantequilla o margarina y el azúcar hasta que esté suave y esponjoso. Agrega la harina y el arroz molido. Agregue las nueces y mezcle hasta obtener una masa firme. Amasar ligeramente hasta que quede suave. Presione en la base de un molde para panecillos suizo engrasado (molde para panecillos de gelatina) y nivele la superficie. Pincha todo con un tenedor. Hornee en un horno precalentado a 160 ° C / 325 ° F / marca de gas 3 durante 45 minutos hasta que esté dorado pálido. Dejar enfriar en la lata durante 10 minutos, luego cortar en dedos. Dejar en la lata que termine de enfriar antes de desmoldar.

Shortbread de naranja

Hace 12

100 g / 4 oz / 1 taza de harina común (para todo uso)

50 g / 2 oz / ½ taza de harina de maíz (maicena)

100 g / 4 oz / ½ taza de mantequilla o margarina, ablandada

50 g / 2 oz / ¼ taza de azúcar en polvo (superfina)

Corteza rallada de 1 naranja

Azúcar en polvo (superfino) para espolvorear

Tamizar la harina y la maicena juntas. Batir la mantequilla o la margarina hasta que se ablanden, luego incorporar el azúcar en polvo hasta que quede pálida y esponjosa. Agregue la cáscara de naranja, luego bata la mezcla de harina hasta que esté bien mezclado. Extienda el bizcocho hasta formar un círculo de 20 cm / 8 y colóquelo en una bandeja para hornear engrasada (para galletas). Pincha todo con un tenedor y flauta los bordes. Cortar en 12 gajos, luego espolvorear con azúcar en polvo. Enfriar en la nevera durante 15 minutos. Hornee en un horno precalentado a 160 ° C / 325 ° F / marca de gas 3 durante 35 minutos hasta que esté dorado pálido. Deje enfriar en la bandeja para hornear durante 5 minutos antes de colocarlo en una rejilla para terminar de enfriar.

Shortbread del hombre rico

Rinde 36

Para la base:

225 g / 8 oz / 1 taza de mantequilla o margarina

275 g / 10 oz / 2½ tazas de harina común (para todo uso)

100 g / 4 oz / ½ taza de azúcar en polvo (superfina)

Para el llenado:

225 g / 8 oz / 1 taza de mantequilla o margarina

225 g / 8 oz / 1 taza de azúcar morena suave

60 ml / 4 cucharadas de jarabe dorado (maíz ligero)

400 g / 14 oz de leche condensada enlatada

Unas gotas de esencia de vainilla (extracto)

Para el aderezo:

225 g / 8 oz / 2 tazas de chocolate natural (semidulce)

Para hacer la base, frote la mantequilla o margarina en la harina, luego agregue el azúcar y amase la mezcla hasta obtener una masa firme. Presione en la base de una lata para rollos suizos engrasada (bandeja para rollos de gelatina) forrada con papel de aluminio. Hornee en un horno precalentado a 180 ° C / 350 ° F / marca de gas 4 durante 35 minutos hasta que esté dorado. Dejar enfriar en la lata.

Para hacer el relleno, derrita la mantequilla o margarina, el azúcar, el almíbar y la leche condensada en una sartén a fuego lento, revolviendo continuamente. Lleve a ebullición, luego cocine a fuego lento, revolviendo continuamente, durante 7 minutos. Retirar del fuego, agregar la esencia de vainilla y batir bien. Verter sobre la base y dejar enfriar y cuajar.

Derrita el chocolate en un recipiente resistente al calor colocado sobre una cacerola con agua hirviendo a fuego lento. Extienda sobre la capa de caramelo y marque los patrones con un tenedor. Deje enfriar y cuaje, luego córtelo en cuadritos.

Galletas De Avena Integral

Hace 10

100 g / 4 oz / ½ taza de mantequilla o margarina

150 g / 5 oz / 1¼ tazas de harina integral (integral)

25 g / 1 oz / ¼ taza de harina de avena

50 g / 2 oz / ¼ taza de azúcar morena suave

Frote la mantequilla o la margarina en las harinas hasta que la mezcla se asemeje al pan rallado. Agregue el azúcar y trabaje ligeramente hasta obtener una masa suave y desmenuzable. Estirar sobre una superficie ligeramente enharinada hasta un grosor de aproximadamente 1 cm / ½ pulgada y cortar en círculos de 5 cm / 2 con un cortador de galletas. Transfiera con cuidado a una bandeja para hornear engrasada (para galletas) y hornee en un horno precalentado a 150 ° C / 300 ° F / marca de gas 3 durante aproximadamente 40 minutos hasta que esté dorado y firme.

Remolinos de almendra

Rinde 16

175 g / 6 oz / ¾ taza de mantequilla o margarina, ablandada

50 g / 2 oz / 1/3 taza de azúcar glas (de repostería), tamizada

2,5 ml / ½ cucharadita de esencia de almendra (extracto)

175 g / 6 oz / 1½ tazas de harina común (para todo uso)

8 cerezas glaseadas (confitadas), cortadas por la mitad o en cuartos

Azúcar en polvo (de repostería), tamizado, para espolvorear

Batir la mantequilla o margarina y el azúcar. Incorpora la esencia de almendra y la harina. Transfiera la mezcla a una manga pastelera equipada con una boquilla grande en forma de estrella (punta). Coloque 16 giros planos en una bandeja para hornear engrasada (para galletas). Cubra cada uno con un trozo de cereza. Hornee en un horno precalentado a 160 ° C / 325 ° F / marca de gas 3 durante 20 minutos hasta que esté dorado pálido. Deje enfriar en la bandeja durante 5 minutos, luego transfiera a una rejilla y espolvoree con azúcar glas.

Bizcocho de chocolate con merengue

Rinde 24

100 g / 4 oz / ½ taza de mantequilla o margarina, ablandada

5 ml / 1 cucharadita de esencia de vainilla (extracto)

4 claras de huevo

200 g / 7 oz / 1¾ tazas de harina común (para todo uso)

50 g / 2 oz / ¼ taza de azúcar en polvo (superfina)

45 ml / 3 cucharadas de cacao en polvo (chocolate sin azúcar)

100 g / 4 oz / 2/3 taza de azúcar glas (de repostería), tamizada

Batir la mantequilla o margarina, la esencia de vainilla y dos claras de huevo. Mezcle la harina, el azúcar y el cacao, luego mezcle gradualmente con la mezcla de mantequilla. Presione en un molde cuadrado engrasado de 30 cm / 12 pulgadas. Batir las claras de huevo restantes con el azúcar glass y esparcir por encima. Hornee en un horno precalentado a 190 ° C / 375 ° F / marca de gas 5 durante 20 minutos hasta que se doren. Cortar en barras.

Gente de la galleta

Hace alrededor de 12

100 g / 4 oz / ½ taza de mantequilla o margarina, ablandada

100 g / 4 oz / ½ taza de azúcar en polvo (superfina)

1 huevo batido

225 g / 8 oz / 2 tazas de harina común (para todo uso)

Algunas grosellas y cerezas glaseadas (confitadas)

Batir la mantequilla o margarina y el azúcar. Agrega poco a poco el huevo y bate bien. Incorpora la harina con una cuchara de metal. Extienda la mezcla sobre una superficie ligeramente enharinada hasta que tenga un grosor de aproximadamente 5 mm / ¼ de pulgada. Recorta a las personas con un cortador de galletas (galletas) o un cuchillo, volviendo a enrollar los recortes hasta que hayas usado toda la masa. Coloque en una bandeja para hornear engrasada (para galletas) y presione las grosellas para los ojos y los botones. Cortar rodajas de cereza para la boca. Hornee las galletas (galletas) en un horno precalentado a 190 ° C / 375 ° F / marca de gas 5 durante 10 minutos hasta que estén doradas. Dejar enfriar sobre una rejilla.

Tarta Helada De Jengibre

Hace dos pasteles de 20 cm / 8 pulgadas

Para el pastelito:

225 g / 8 oz / 1 taza de mantequilla o margarina, ablandada

100 g / 4 oz / ½ taza de azúcar en polvo (superfina)

275 g / 10 oz / 2½ tazas de harina común (para todo uso)

10 ml / 2 cucharaditas de polvo de hornear

10 ml / 2 cucharaditas de jengibre molido

Para la formación de hielo (glaseado):

50 g / 2 oz / ¼ taza de mantequilla o margarina

15 ml / 1 cucharada de jarabe dorado (maíz ligero)

100 g / 4 oz / 2/3 taza de azúcar glas (de repostería), tamizada

5 ml / 1 cucharadita de jengibre molido

Para hacer el shortcake, mezcle la mantequilla o margarina y el azúcar hasta que esté suave y esponjoso. Mezcle el resto de los ingredientes del bizcocho para hacer una masa, divida la mezcla por la mitad y presione en dos latas (sartenes) engrasadas de 20 cm / 8 en sándwich. Hornee en un horno precalentado a 160 ° C / 325 ° F / gasmark 3 durante 40 minutos.

Para hacer el glaseado, derrita la mantequilla o la margarina y el almíbar en una sartén. Agregue el azúcar glas y el jengibre y mezcle bien. Vierta sobre ambos bizcochos y déjelo enfriar, luego córtelo en gajos.

Galletas Shrewsbury

Rinde 24

100 g / 4 oz / ½ taza de mantequilla o margarina, ablandada

100 g / 4 oz / ½ taza de azúcar en polvo (superfina)

1 yema de huevo

225 g / 8 oz / 2 tazas de harina común (para todo uso)

5 ml / 1 cucharadita de levadura en polvo

5 ml / 1 cucharadita de cáscara de limón rallada

Batir la mantequilla o margarina y el azúcar hasta que esté suave y esponjoso. Incorpora poco a poco la yema de huevo, luego mezcla la harina, el polvo de hornear y la cáscara de limón, terminando con las manos hasta que la mezcla se una. Estirar hasta 5 mm / ¼ de grosor y cortar en círculos de 6 cm / 2¼ de pulgada con un cortador de galletas. Coloca las galletas bien separadas en una bandeja para hornear engrasada (para galletas) y pínchalas con un tenedor. Hornee en un horno precalentado a 180 ° C / 350 ° F / marca de gas 4 durante 15 minutos hasta que esté dorado pálido.

Galletas Especiadas Españolas

Rinde 16

90 ml / 6 cucharadas de aceite de oliva

100 g / 4 oz / ½ taza de azúcar granulada

100 g / 4 oz / 1 taza de harina común (para todo uso)

15 ml / 1 cucharada de levadura en polvo

10 ml / 2 cucharaditas de canela molida

3 huevos

Corteza rallada de 1 limón

30 ml / 2 cucharadas de azúcar glas (de repostería), tamizada

Calentar el aceite en una sartén pequeña. Mezcle el azúcar, la harina, el polvo de hornear y la canela. En un recipiente aparte, bata los huevos y la cáscara de limón hasta que esté espumoso. Agregue los ingredientes secos y el aceite para hacer una masa suave. Vierta la masa en un molde para panecillos suizos bien engrasado (molde para panecillos de gelatina) y hornee en un horno precalentado a 180 ° C / 350 ° F / marca de gas 4 durante 30 minutos hasta que esté dorado. Apagar, dejar enfriar, luego cortar en triángulos y espolvorear las galletas (bizcochos) con azúcar glas.

Galletas de especias a la antigua

Rinde 24

75 g / 3 oz / 1/3 taza de mantequilla o margarina

50 g / 2 oz / ¼ taza de azúcar en polvo (superfina)

45 ml / 3 cucharadas de melaza negra (melaza)

175 g / 6 oz / ¾ taza de harina común (para todo uso)

5 ml / 1 cucharadita de canela molida

5 ml / 1 cucharadita de especias molidas mezcladas (tarta de manzana)

2,5 ml / ½ cucharadita de jengibre molido

2,5 ml / ½ cucharadita de bicarbonato de sodio (bicarbonato de sodio)

Derretir la mantequilla o margarina, el azúcar y la melaza juntos a fuego lento. Mezcle la harina, las especias y el bicarbonato de sodio en un bol. Vierta en la mezcla de melaza y mezcle hasta que esté bien mezclado. Licue hasta obtener una masa suave y forme bolitas. Coloque, bien separados, en una bandeja para hornear engrasada (para galletas) y presione con un tenedor. Hornee las galletas (galletas) en un horno precalentado a 180 ° C / 350 ° F / marca de gas 4 durante 12 minutos hasta que estén firmes y doradas.

Galletas de melaza

Rinde 24

75 g / 3 oz / 1/3 taza de mantequilla o margarina, ablandada

100 g / 4 oz / ½ taza de azúcar morena suave

1 yema de huevo

30 ml / 2 cucharadas de melaza negra (melaza)

100 g / 4 oz / 1 taza de harina común (para todo uso)

5 ml / 1 cucharadita de bicarbonato de sodio (bicarbonato de sodio)

Una pizca de sal

5 ml / 1 cucharadita de canela molida

2,5 ml / ½ cucharadita de clavo molido

Batir la mantequilla o margarina y el azúcar hasta que esté suave y esponjoso. Incorpora poco a poco la yema de huevo y la melaza. Mezcle la harina, el bicarbonato de sodio, la sal y las especias y mezcle con la mezcla. Cubra y enfríe.

Enrolle la mezcla en bolas de 3 cm / 1½ y colóquelas en una bandeja para hornear engrasada (para galletas). Hornee las galletas (galletas) en un horno precalentado a 180 ° C / 350 ° F / marca de gas 4 durante 10 minutos hasta que esté listo.

Galletas de melaza, albaricoque y nueces

Hace alrededor de 24

50 g / 2 oz / ¼ taza de mantequilla o margarina

50 g / 2 oz / ¼ taza de azúcar en polvo (superfina)

50 g / 2 oz / ¼ taza de azúcar morena suave

1 huevo, ligeramente batido

2,5 ml / ½ cucharadita de bicarbonato de sodio (bicarbonato de sodio)

30 ml / 2 cucharadas de agua tibia

45 ml / 3 cucharadas de melaza negra (melaza)

25 g / 1 oz de albaricoques secos listos para comer, picados

25 g / 1 oz / ¼ taza de nueces mixtas picadas

100 g / 4 oz / 1 taza de harina común (para todo uso)

Una pizca de sal

Una pizca de clavo molido

Batir la mantequilla o margarina y los azúcares hasta que estén suaves y esponjosos. Incorpora poco a poco el huevo. Mezcle el bicarbonato de sodio con el agua y revuelva en la mezcla con los ingredientes restantes. Coloque cucharadas en una bandeja para hornear engrasada (para galletas) y hornee en un horno precalentado a 180 ° C / 350 ° F / marca de gas 4 durante 10 minutos.

Galletas de melaza y suero de leche

Rinde 24

50 g / 2 oz / ¼ taza de mantequilla o margarina, ablandada

50 g / 2 oz / ¼ taza de azúcar morena suave

150 ml / ¼ pt / 2/3 taza de melaza negra (melaza)

150 ml / ¼ pt / 2/3 taza de suero de leche

175 g / 6 oz / 1½ tazas de harina común (para todo uso)

2,5 ml / ½ cucharadita de bicarbonato de sodio (bicarbonato de sodio)

Batir la mantequilla o la margarina y el azúcar hasta que esté suave y esponjoso, luego mezclar la melaza y el suero de leche alternativamente con la harina y el bicarbonato de sodio. Deje caer cucharadas grandes en una bandeja para hornear engrasada (para galletas) y hornee en un horno precalentado a 190 ° C / 375 ° F / marca de gas 5 durante 10 minutos.

Galletas de melaza y café

Rinde 24

60 g / 2½ oz / 1/3 taza de manteca de cerdo (manteca vegetal)

50 g / 2 oz / ¼ taza de azúcar morena suave

75 g / 3 oz / ¼ taza de melaza negra (melaza)

2,5 ml / ½ cucharadita de esencia de vainilla (extracto)

200 g / 7 oz / 1¾ tazas de harina común (para todo uso)

5 ml / 1 cucharadita de bicarbonato de sodio (bicarbonato de sodio)

Una pizca de sal

2,5 ml / ½ cucharadita de jengibre molido

2,5 ml / ½ cucharadita de canela molida

60 ml / 4 cucharadas de café negro frío

Batir la manteca de cerdo y el azúcar hasta que esté suave y esponjoso. Agregue la esencia de melaza y vainilla. Mezcle la harina, el bicarbonato de sodio, la sal y las especias y agregue la mezcla alternativamente con el café. Cubra y enfríe durante varias horas.

Estire la masa a 5 mm / ¼ de espesor y córtela en 5 cm / 2 en rondas con un cortador de galletas. Coloque las galletas en una bandeja para hornear sin engrasar (para galletas) y hornee en un horno precalentado a 190 ° C / 375 ° F / marca de gas 5 durante 10 minutos hasta que estén firmes al tacto.

Galletas de melaza y dátiles

Hace alrededor de 24

50 g / 2 oz / ¼ taza de mantequilla o margarina, ablandada

50 g / 2 oz / ¼ taza de azúcar en polvo (superfina)

50 g / 2 oz / ¼ taza de azúcar morena suave

1 huevo, ligeramente batido

2,5 ml / ½ cucharadita de bicarbonato de sodio (bicarbonato de sodio)

30 ml / 2 cucharadas de agua tibia

45 ml / 3 cucharadas de melaza negra (melaza)

25 g / 1 oz / ¼ taza de dátiles deshuesados (sin hueso), picados

100 g / 4 oz / 1 taza de harina común (para todo uso)

Una pizca de sal

Una pizca de clavo molido

Batir la mantequilla o margarina y los azúcares hasta que estén suaves y esponjosos. Incorpora poco a poco el huevo. Mezcle el bicarbonato de sodio con el agua, luego revuelva con la mezcla con los ingredientes restantes. Coloque cucharadas en una bandeja para hornear engrasada (para galletas) y hornee en un horno precalentado a 180 ° C / 350 ° F / marca de gas 4 durante 10 minutos.

Galletas de melaza y jengibre

Rinde 24

50 g / 2 oz / ¼ taza de mantequilla o margarina, ablandada

50 g / 2 oz / ¼ taza de azúcar morena suave

150 ml / ¼ pt / 2/3 taza de melaza negra (melaza)

150 ml / ¼ pt / 2/3 taza de suero de leche

175 g / 6 oz / 1½ tazas de harina común (para todo uso)

2,5 ml / ½ cucharadita de bicarbonato de sodio (bicarbonato de sodio)

2,5 ml / ½ cucharadita de jengibre molido

1 huevo batido para glasear

Batir la mantequilla o la margarina y el azúcar hasta que esté suave y esponjoso, luego mezclar la melaza y el suero de leche alternativamente con la harina, el bicarbonato de sodio y el jengibre molido. Deje caer cucharadas grandes en una bandeja para hornear engrasada (para galletas) y cepille la parte superior con huevo batido. Hornee en un horno precalentado a 190 ° C / 375 ° F / marca de gas 5 durante 10 minutos.

Galletas de vainilla

Rinde 24

150 g / 5 oz / 2/3 taza de mantequilla o margarina, ablandada

100 g / 4 oz / ½ taza de azúcar en polvo (superfina)

1 huevo batido

225 g / 8 oz / 2 tazas de harina con levadura (levadura)

Una pizca de sal

10 ml / 2 cucharaditas de esencia de vainilla (extracto)

Cerezas glacé (confitadas) para decorar

Batir la mantequilla o margarina y el azúcar hasta que esté suave y esponjoso. Bata poco a poco el huevo, luego agregue la harina, la sal y la esencia de vainilla y mezcle hasta formar una masa. Amasar hasta que quede suave. Envuelva en film transparente (film transparente) y enfríe durante 20 minutos.

Extienda la masa finamente y córtela en rodajas con un cortador de galletas. Disponga en una bandeja para hornear engrasada (para galletas) y coloque una cereza encima de cada una. Hornee las galletas en un horno precalentado a 180 ° C / 350 ° F / marca de gas 4 durante 10 minutos hasta que estén doradas. Deje enfriar en la bandeja para hornear durante 10 minutos antes de transferir a una rejilla para terminar de enfriar.

Galletas de Nuez

Rinde 36

100 g / 4 oz / ½ taza de mantequilla o margarina, ablandada

100 g / 4 oz / ½ taza de azúcar morena suave

100 g / 4 oz / ½ taza de azúcar en polvo (superfina)

1 huevo grande, ligeramente batido

200 g / 7 oz / 1¾ tazas de harina común (para todo uso)

5 ml / 1 cucharadita de levadura en polvo

2,5 ml / ½ cucharadita de bicarbonato de sodio (bicarbonato de sodio)

120 ml / 4 fl oz / ½ taza de suero de leche

50 g / 2 oz / ½ taza de nueces, picadas

Batir la mantequilla o margarina y los azúcares. Poco a poco, bata el huevo, luego agregue la harina, el polvo de hornear y el bicarbonato de sodio alternativamente con el suero de leche. Incorpora las nueces. Deje caer cucharadas pequeñas en una bandeja para hornear engrasada (para galletas) y hornee las galletas (galletas) en un horno precalentado a 190 ° C / 375 ° F / marca de gas 5 durante 10 minutos.

Galletas crujientes

Rinde 24

25 g / 1 oz de levadura fresca o 40 ml / 2½ cucharadas de levadura seca

450 ml / ¾ pt / 2 tazas de leche tibia

900 g / 2 lb / 8 tazas de harina común (para pan) fuerte

175 g / 6 oz / ¾ taza de mantequilla o margarina, ablandada

30 ml / 2 cucharadas de miel clara

2 huevos batidos

Huevo batido para glasear

Mezclar la levadura con un poco de leche tibia y dejar en un lugar cálido durante 20 minutos. Coloque la harina en un bol y unte la mantequilla o margarina. Incorpora la mezcla de levadura, la leche tibia restante, la miel y los huevos y mezcla hasta obtener una masa suave. Amasar sobre una superficie ligeramente enharinada hasta que quede suave y elástica. Coloque en un recipiente engrasado, cubra con film transparente aceitado (envoltura de plástico) y déjelo en un lugar cálido durante 1 hora hasta que duplique su tamaño.

Amasar nuevamente, luego darles forma de rollos largos y planos y colocarlos en una bandeja para hornear engrasada (para galletas). Cubrir con film transparente aceitado y dejar en un lugar cálido durante 20 minutos.

Unte con huevo batido y hornee en horno precalentado a 200 ° C / 400 ° F / marca de gas 6 durante 20 minutos. Dejar enfriar toda la noche.

Corte en rodajas finas, luego hornee nuevamente en un horno precalentado a 150 ° C / 300 ° F / marca de gas 2 durante 30 minutos hasta que esté crujiente y dorado.

biscochos de queso cheddar

Hace 12

50 g / 2 oz / ¼ taza de mantequilla o margarina

200 g / 7 oz / 1¾ tazas de harina común (para todo uso)

15 ml / 1 cucharada de levadura en polvo

Una pizca de sal

50 g / 2 oz / ½ taza de queso cheddar rallado

175 ml / 6 fl oz / ¾ taza de leche

Frote la mantequilla o la margarina en la harina, el polvo de hornear y la sal hasta que la mezcla parezca pan rallado. Agregue el queso, luego mezcle suficiente leche para hacer una masa suave. Extienda sobre una superficie ligeramente enharinada hasta aproximadamente 2 cm / ¾ de grosor y corte en rodajas con un cortador de galletas. Coloque en una bandeja para hornear sin engrasar (para galletas) y hornee las galletas (galletas) en un horno precalentado a 200 ° C / 400 ° F / marca de gas 6 durante 15 minutos hasta que estén doradas.

Galletas De Queso Azul

Hace 12

50 g / 2 oz / ¼ taza de mantequilla o margarina

200 g / 7 oz / 1¾ tazas de harina común (para todo uso)

15 ml / 1 cucharada de levadura en polvo

50 g / 2 oz / ½ taza de queso Stilton, rallado o desmenuzado

175 ml / 6 fl oz / ¾ taza de leche

Frote la mantequilla o margarina en la harina y el polvo de hornear hasta que la mezcla se asemeje a pan rallado. Agregue el queso, luego mezcle suficiente leche para hacer una masa suave. Extienda sobre una superficie ligeramente enharinada hasta aproximadamente 2 cm / ¾ de grosor y corte en rodajas con un cortador de galletas. Coloque en una bandeja para hornear sin engrasar (para galletas) y hornee las galletas (galletas) en un horno precalentado a 200 ° C / 400 ° F / marca de gas 6 durante 15 minutos hasta que estén doradas.

Galletas de queso y sésamo

Rinde 24

75 g / 3 oz / 1/3 taza de mantequilla o margarina

75 g / 3 oz / ¾ taza de harina integral (integral)

75 g / 3 oz / ¾ taza de queso cheddar, rallado

30 ml / 2 cucharadas de semillas de sésamo

Sal y pimienta negra recién molida

1 huevo batido

Frote la mantequilla o la margarina en la harina hasta que la mezcla se parezca a pan rallado. Agregue el queso y la mitad de las semillas de sésamo y sazone con sal y pimienta. Presione juntos para formar una masa firme. Extienda la masa sobre una superficie ligeramente enharinada hasta que tenga un grosor de aproximadamente 5 mm / ¼ de pulgada y córtela en círculos con un cortador de galletas. Coloque las galletas (galletas) en una bandeja para hornear engrasada (para galletas), unte con huevo y espolvoree con las semillas de sésamo restantes. Hornee en un horno precalentado a 190 ° C / 375 ° F / marca de gas 5 durante 10 minutos hasta que esté dorado.

Palitos de queso

Rinde 16

225 g / 8 oz de hojaldre

1 huevo batido

100 g / 4 oz / 1 taza Cheddar o queso fuerte, rallado

15 ml / 1 cucharada de queso parmesano rallado

Sal y pimienta negra recién molida

Estirar la masa (pasta) a unos 5 mm / ¼ de espesor y untar generosamente con huevo batido. Espolvorea con los quesos y sazona al gusto con sal y pimienta. Cortar en tiras y girar las tiras suavemente en espirales. Coloque en una bandeja para hornear humedecida (para galletas) y hornee en un horno precalentado a 220 ° C / 425 ° F / marca de gas 7 durante aproximadamente 10 minutos hasta que esté inflado y dorado.

Galletas De Queso Y Tomate

Hace 12

50 g / 2 oz / ¼ taza de mantequilla o margarina

200 g / 7 oz / 1¾ tazas de harina común (para todo uso)

15 ml / 1 cucharada de levadura en polvo

Una pizca de sal

50 g / 2 oz / ½ taza de queso cheddar rallado

15 ml / 1 cucharada de puré de tomate (pasta)

150 ml / ¼ pt / 2/3 taza de leche

Frote la mantequilla o la margarina en la harina, el polvo de hornear y la sal hasta que la mezcla parezca pan rallado. Agregue el queso, luego mezcle el puré de tomate y suficiente leche para hacer una masa suave. Extienda sobre una superficie ligeramente enharinada hasta aproximadamente 2 cm / ¾ de grosor y corte en rodajas con un cortador de galletas. Coloque en una bandeja para hornear sin engrasar (para galletas) y hornee las galletas (galletas) en un horno precalentado a 200 ° C / 400 ° F / marca de gas 6 durante 15 minutos hasta que estén doradas.

Bocaditos de queso de cabra

Hace 30

2 hojas de pasta filo congelada (pasta), descongelada

50 g / 2 oz / ¼ taza de mantequilla sin sal, derretida

50 g / 2 oz / ½ taza de queso de cabra, cortado en cubitos

5 ml / 1 cucharadita Herbes de Provence

Unte una hoja de masa filo con mantequilla derretida, coloque la segunda hoja encima y pinte con mantequilla. Cortar en 30 cuadrados iguales, colocar un trozo de queso sobre cada uno y espolvorear con hierbas. Junte las esquinas y gire para sellar, luego cepille nuevamente con mantequilla derretida. Coloque en una bandeja para hornear engrasada (para galletas) y hornee en un horno precalentado a 180 ° C / 350 ° F / marca de gas 4 durante 10 minutos hasta que esté crujiente y dorado.

Rollos de Jamón y Mostaza

Rinde 16

225 g / 8 oz de hojaldre

30 ml / 2 cucharadas de mostaza francesa

100 g / 4 oz / 1 taza de jamón cocido, picado

Sal y pimienta negra recién molida

Extienda la masa (pasta) hasta que tenga un grosor de aproximadamente 5 mm / ¼ de pulgada. Unte con la mostaza, luego espolvoree con el jamón y sazone con sal y pimienta. Enrolle la masa en forma de salchicha larga, luego córtela en rodajas de 1 cm / ½ y colóquela en una bandeja para hornear (para galletas) humedecida. Hornee en un horno precalentado a 220 ° C / 425 ° F / marca de gas 7 durante unos 10 minutos hasta que esté inflado y dorado.

Galletas De Jamón Y Pimienta

Hace 30

225 g / 8 oz / 2 tazas de harina común (para todo uso)

15 ml / 1 cucharada de levadura en polvo

5 ml / 1 cucharadita de tomillo seco

5 ml / 1 cucharadita de azúcar en polvo (superfina)

2,5 ml / ½ cucharadita de jengibre molido

Una pizca de nuez moscada rallada

Una pizca de bicarbonato de sodio (bicarbonato de sodio)

Sal y pimienta negra recién molida

50 g / 2 oz / ¼ taza de grasa vegetal (manteca)

50 g / 2 oz / ½ taza de jamón cocido, picado

30 ml / 2 cucharadas de pimiento verde (morrón) finamente picado

175 ml / 6 fl oz / ¾ taza de suero de leche

Mezcle la harina, la levadura en polvo, el tomillo, el azúcar, el jengibre, la nuez moscada, el bicarbonato de sodio, la sal y la pimienta. Frote la grasa vegetal hasta que la mezcla se parezca a pan rallado. Agrega el jamón y la pimienta. Agregue gradualmente el suero de leche y mezcle hasta obtener una masa suave. Amasar durante unos segundos sobre una superficie ligeramente enharinada hasta que quede suave. Estirar hasta 2 cm / ¾ de grosor y cortar en rodajas con un cortador de galletas. Coloque las galletas, bien separadas, en una bandeja para hornear engrasada (para galletas) y hornee en un horno precalentado a 220 ° C / 425 ° F / marca de gas 7 durante 12 minutos hasta que estén infladas y doradas.

Galletas de hierbas simples

Rinde 8

225 g / 8 oz / 2 tazas de harina común (para todo uso)

15 ml / 1 cucharada de levadura en polvo

5 ml / 1 cucharadita de azúcar en polvo (superfina)

2,5 ml / ½ cucharadita de sal

50 g / 2 oz / ¼ taza de mantequilla o margarina

15 ml / 1 cucharada de cebollino fresco cortado en tiras

Una pizca de pimentón

Pimienta negra recién molida

45 ml / 3 cucharadas de leche

45 ml / 3 cucharadas de agua

Mezcle la harina, el polvo de hornear, el azúcar y la sal. Frote la mantequilla o la margarina hasta que la mezcla se parezca a pan rallado. Mezclar las cebolletas, el pimentón y la pimienta al gusto. Agregue la leche y el agua y mezcle hasta obtener una masa suave. Amasar en una superficie ligeramente enharinada hasta que quede suave, luego extender a 2 cm / ¾ de espesor y cortar en rodajas con un cortador de galletas. Coloque las galletas (galletas saladas), bien separadas, en una bandeja para hornear engrasada (para galletas) y hornee en un horno precalentado a 200 ° C / 400 ° F / marca de gas 6 durante 15 minutos hasta que estén infladas y doradas.

Galletas Indias

Para 4 personas

100 g / 4 oz / 1 taza de harina común (para todo uso)

100 g / 4 oz / 1 taza de sémola (crema de trigo)

175 g / 6 oz / ¾ taza de azúcar en polvo (superfina)

75 g / 3 oz / ¾ taza de harina de garbanzos

175 g / 6 oz / ¾ taza de ghee

Mezcle todos los ingredientes en un bol, luego frótelos con las palmas de las manos para formar una masa rígida. Es posible que necesite un poco más de ghee si la mezcla está demasiado seca. Forme bolas pequeñas y presione en forma de galleta (galleta). Coloque en una bandeja para hornear (para galletas) engrasada y forrada y hornee en un horno precalentado a 150 ° C / 300 ° F / marca de gas 2 durante 30 a 40 minutos hasta que esté ligeramente dorado. Pueden aparecer grietas finas a medida que se cocinan las galletas.

Shortbread de Avellana y Chalota

Hace 12

75 g / 3 oz / 1/3 taza de mantequilla o margarina, ablandada

175 g / 6 oz / 1½ tazas de harina integral (integral)

10 ml / 2 cucharaditas de polvo de hornear

1 chalota finamente picada

50 g / 2 oz / ½ taza de avellanas, picadas

10 ml / 2 cucharaditas de pimentón

15 ml / 1 cucharada de agua fría

Frote la mantequilla o margarina en la harina y el polvo de hornear hasta que la mezcla se asemeje a pan rallado. Agregue la chalota, las avellanas y el pimentón. Agregue el agua fría y presione juntos para hacer una masa. Estirar y presionar en una lata para rollos suizos de 30 x 20 cm / 12 x 8 pulgadas (bandeja para rollos de gelatina) y pinchar todo con un tenedor. Marca en los dedos. Hornee en horno precalentado a 200 ° C / 400 ° F / marca de gas 6 durante 10 minutos hasta que esté dorado.

Galletas de salmón y eneldo

Hace 12

225 g / 8 oz / 2 tazas de harina común (para todo uso)

5 ml / 1 cucharadita de azúcar en polvo (superfina)

2,5 ml / ½ cucharadita de sal

20 ml / 4 cucharaditas de polvo de hornear

100 g / 4 oz / ½ taza de mantequilla o margarina, cortada en cubitos

90 ml / 6 cucharadas de agua

90 ml / 6 cucharadas de leche

100 g / 4 oz / 1 taza de recortes de salmón ahumado, cortados en cubitos

60 ml / 4 cucharadas de eneldo fresco picado (eneldo)

Mezcle la harina, el azúcar, la sal y el polvo de hornear, luego frote la mantequilla o margarina hasta que la mezcla se parezca a pan rallado. Mezcle gradualmente la leche y el agua y mezcle hasta obtener una masa suave. Incorpora el salmón y el eneldo y mezcla hasta que quede suave. Estirar hasta 2,5 cm de grosor y cortar en rodajas con un cortador de galletas. Coloque las galletas (galletas saladas) bien separadas en una bandeja para hornear engrasada (para galletas) y hornee en un horno precalentado a 220 ° C / 425 ° F / marca de gas 7 durante 15 minutos hasta que estén infladas y doradas.

Galletas de soda

Hace 12

45 ml / 3 cucharadas de manteca de cerdo (manteca)

225 g / 8 oz / 2 tazas de harina común (para todo uso)

5 ml / 1 cucharadita de bicarbonato de sodio (bicarbonato de sodio)

5 ml / 1 cucharadita de crémor tártaro

Una pizca de sal

250 ml / 8 fl oz / 1 taza de suero de leche

Unta la manteca de cerdo con la harina, el bicarbonato de sodio, el crémor tártaro y la sal hasta que la mezcla parezca pan rallado. Agregue la leche y mezcle hasta obtener una masa suave. Estirar sobre una superficie ligeramente enharinada a 1 cm / ½ in de grosor y cortar con un cortador de galletas. Coloque las galletas (galletas) en una bandeja para hornear engrasada (para galletas) y hornee en un horno precalentado a 230 ° C / 450 ° F / marca de gas 8 durante 10 minutos hasta que estén doradas.

Molinillos de tomate y parmesano

Rinde 16

225 g / 8 oz de hojaldre

30 ml / 2 cucharadas de puré de tomate (pasta)

100 g / 4 oz / 1 taza de queso parmesano rallado

Sal y pimienta negra recién molida

Extienda la masa (pasta) hasta que tenga un grosor de aproximadamente 5 mm / ¼ de pulgada. Unte con el puré de tomate, luego espolvoree con el queso y sazone con sal y pimienta. Enrolle la masa en forma de salchicha larga, luego córtela en rodajas de 1 cm / ½ y colóquela en una bandeja para hornear (para galletas) humedecida. Hornee en un horno precalentado a 220 ° C / 425 ° F / marca de gas 7 durante unos 10 minutos hasta que esté inflado y dorado.

Galletas de Tomate y Hierbas

Hace 12

225 g / 8 oz / 2 tazas de harina común (para todo uso)

5 ml / 1 cucharadita de azúcar en polvo (superfina)

2,5 ml / ½ cucharadita de sal

40 ml / 2½ cucharadas de polvo de hornear

100 g / 4 oz / ½ taza de mantequilla o margarina

30 ml / 2 cucharadas de leche

30 ml / 2 cucharadas de agua

4 tomates maduros, sin piel, sin semillas y picados

45 ml / 3 cucharadas de albahaca fresca picada

Mezclar la harina, el azúcar, la sal y el polvo de hornear. Frote la mantequilla o la margarina hasta que la mezcla se parezca a pan rallado. Agregue la leche, el agua, los tomates y la albahaca y mezcle hasta obtener una masa suave. Amasar durante unos segundos sobre una superficie ligeramente enharinada, luego extender a 2,5 cm / 1 pulgada de grosor y cortar en rodajas con un cortador de galletas. Coloque las galletas bien separadas en una bandeja para hornear engrasada (para galletas) y hornee en un horno precalentado a 230 ° C / 425 ° F / marca de gas 7 durante 15 minutos hasta que estén infladas y doradas.

Pan Blanco Básico

Rinde tres panes de 450 g / 1 lb

25 g / 1 oz de levadura fresca o 40 ml / 2½ cucharadas de levadura seca

10 ml / 2 cucharaditas de azúcar

900 ml / 1½ pts / 3¾ tazas de agua tibia

25 g / 1 oz / 2 cucharadas de manteca de cerdo (manteca vegetal)

1,5 kg / 3 lb / 12 tazas de harina común (para pan) fuerte

15 ml / 1 cucharada de sal

Licúa la levadura con el azúcar y un poco de agua tibia y deja en un lugar tibio por 20 minutos hasta que esté espumosa. Frote la manteca de cerdo con la harina y la sal, luego agregue la mezcla de levadura y suficiente agua restante para mezclar hasta obtener una masa firme que salga limpia de los lados del tazón. Amasar sobre una superficie ligeramente enharinada o en un procesador hasta que quede elástico y ya no esté pegajoso. Coloque la masa en un recipiente engrasado, cubra con film transparente aceitado (envoltura de plástico) y déjela en un lugar cálido durante aproximadamente 1 hora hasta que duplique su tamaño y esté elástica al tacto.

Amasar la masa nuevamente hasta que esté firme, dividir en tres y colocar en moldes (moldes) de pan engrasados de 450 g / 1 lb o darles la forma de los panes de su elección. Tape y deje reposar en un lugar cálido durante unos 40 minutos hasta que la masa llegue justo por encima de la parte superior de las latas.

Hornee en un horno precalentado a 230 ° C / 450 ° F / marca de gas 8 durante 30 minutos hasta que los panes comiencen a encogerse de los lados de las latas y estén dorados y firmes, y suenen huecos cuando se golpean en la base.

Bagels

Hace 12

15 g / ½ oz de levadura fresca o 20 ml / 4 cucharaditas de levadura seca

5 ml / 1 cucharadita de azúcar en polvo (superfina)

300 ml / ½ pt / 1¼ tazas de leche tibia

50 g / 2 oz / ¼ taza de mantequilla o margarina

450 g / 1 lb / 4 tazas de harina común (para pan) fuerte

Una pizca de sal

1 yema de huevo

30 ml / 2 cucharadas de semillas de amapola

Licúa la levadura con el azúcar y un poco de leche tibia y déjala en un lugar tibio por 20 minutos hasta que esté espumosa. Frote la mantequilla o la margarina en la harina y la sal y haga un hueco en el centro. Agregue la mezcla de levadura, la leche tibia restante y la yema de huevo y mezcle hasta obtener una masa suave. Amasar hasta que la masa esté elástica y ya no esté pegajosa. Coloque en un recipiente engrasado, cubra con film transparente aceitado (envoltura de plástico) y déjelo en un lugar cálido durante aproximadamente 1 hora hasta que duplique su tamaño.

Amasar la masa ligeramente y luego cortarla en 12 trozos. Enrolle cada uno en una tira larga de unos 15 cm / 6 pulgadas de largo y gírelos en un anillo. Coloque en una bandeja para hornear engrasada (para galletas), cubra y deje reposar durante 15 minutos.

Hierva una olla grande con agua y luego baje el fuego a fuego lento. Deje caer un anillo en el agua hirviendo y cocine durante 3 minutos, volteándolo una vez, luego retírelo y colóquelo en una bandeja para hornear (galletas). Continúe con los bagels restantes. Espolvoree los bagels con semillas de amapola y hornee en un horno precalentado a 230 ° C / 450 ° F / marca de gas 8 durante 20 minutos hasta que estén dorados.

Baps

Hace 12

25 g / 1 oz de levadura fresca o 40 ml / 2½ cucharadas de levadura seca

5 ml / 1 cucharadita de azúcar en polvo (superfina)

150 ml / ¼ pt / 2/3 taza de leche tibia

50 g / 2 oz / ¼ taza de manteca de cerdo (manteca)

450 g / 1 lb / 4 tazas de harina común (para pan) fuerte

5 ml / 1 cucharadita de sal

150 ml / ¼ pt / 2/3 taza de agua tibia

Licúa la levadura con el azúcar y un poco de leche tibia y déjala en un lugar tibio por 20 minutos hasta que esté espumosa. Frote la manteca de cerdo en la harina, luego agregue la sal y haga un hueco en el centro. Agregue la mezcla de levadura, la leche restante y el agua y mezcle hasta obtener una masa suave. Amasar hasta que quede elástico y ya no esté pegajoso. Coloque en un recipiente engrasado y cubra con film transparente aceitado (envoltura de plástico). Déjelo en un lugar cálido durante aproximadamente 1 hora hasta que duplique su tamaño.

Forme la masa en 12 rollos planos y colóquelos en una bandeja para hornear engrasada (para galletas). Dejar reposar durante 15 minutos.

Hornee en un horno precalentado a 230 ° C / 450 ° F / marca de gas 8 durante 15-20 minutos hasta que esté bien cocido y dorado.

Pan de cebada cremoso

Rinde una barra de 900 g / 2 lb

15 g / ½ oz de levadura fresca o 20 ml / 4 cucharaditas de levadura seca

Una pizca de azucar

350 ml / 12 fl oz / 1½ tazas de agua tibia

400 g / 14 oz / 3½ tazas de harina común (para pan) fuerte

175 g / 6 oz / 1½ tazas de harina de cebada

Una pizca de sal

45 ml / 3 cucharadas de crema simple (ligera)

Licúa la levadura con el azúcar y un poco de agua tibia y deja en un lugar tibio por 20 minutos hasta que esté espumosa. Mezclar las harinas y la sal en un bol, agregar la mezcla de levadura, la nata y el agua restante y mezclar hasta obtener una masa firme. Amasar hasta que quede suave y ya no esté pegajoso. Coloque en un recipiente engrasado, cubra con film transparente aceitado (envoltura de plástico) y déjelo en un lugar cálido durante aproximadamente 1 hora hasta que duplique su tamaño.

Amasar de nuevo ligeramente, luego dar forma a un molde (molde) para pan engrasado de 900 g / 2 lb, tapar y dejar en un lugar cálido durante 40 minutos hasta que la masa haya subido por encima del borde del molde.

Hornee en un horno precalentado a 220 ° C / 425 ° F / marca de gas 7 durante 10 minutos, luego reduzca la temperatura del horno a 190 ° C / 375 ° F / marca de gas 5 y hornee por 25 minutos más hasta que esté dorado y hueco. -sonido cuando se golpea la base.

Pan de cerveza

Rinde una barra de 900 g / 2 lb

450 g / 1 lb / 4 tazas de harina con levadura (levadura)

5 ml / 1 cucharadita de sal

350 ml / 12 fl oz / 1½ tazas de cerveza

Mezcle los ingredientes hasta obtener una masa suave. Formar en un molde (molde) para pan engrasado de 900 g / 2 lb, tapar y dejar reposar en un lugar cálido durante 20 minutos. Hornee en un horno precalentado a 190 ° C / 375 ° F / marca de gas 5 durante 45 minutos hasta que se doren y suenen huecos al golpear la base.

Pan marrón de Boston

Rinde tres panes de 450 g / 1 lb

100 g / 4 oz / 1 taza de harina de centeno

100 g / 4 oz / 1 taza de harina de maíz

100 g / 4 oz / 1 taza de harina integral (integral)

5 ml / 1 cucharadita de bicarbonato de sodio (bicarbonato de sodio)

5 ml / 1 cucharadita de sal

250 g / 9 oz / ¾ taza de melaza negra (melaza)

500 ml / 16 fl oz / 2 tazas de suero de leche

175 g / 6 oz / 1 taza de pasas

Mezcle los ingredientes secos, luego agregue la melaza, el suero de leche y las pasas y mezcle hasta obtener una masa suave. Vierta la mezcla en tres recipientes para pudín engrasados de 450 g / 1 libra, cubra con papel encerado (encerado) y papel de aluminio y ate con una cuerda para sellar las partes superiores. Coloque en una cacerola grande y llénela con suficiente agua caliente hasta la mitad de los lados de los tazones. Lleve el agua a ebullición, tape la olla y cocine a fuego lento durante 2 horas y media, llenando con agua hirviendo según sea necesario. Retirar los cuencos de la sartén y dejar enfriar un poco. Sirva caliente con mantequilla.

Macetas de salvado

Hace 3

25 g / 1 oz de levadura fresca o 40 ml / 2½ cucharadas de levadura seca

5 ml / 1 cucharadita de azúcar

600 ml / 1 pt / 2½ tazas de agua tibia

675 g / 1½ lb / 6 tazas de harina integral (integral)

25 g / 1 oz / ¼ taza de harina de soja

5 ml / 1 cucharadita de sal

50 g / 2 oz / 1 taza de salvado

Leche para glasear

45 ml / 3 cucharadas de trigo triturado

Necesitará tres macetas nuevas de barro de 13 cm / 5 limpias. Engrásalas bien y hornéalas en un horno caliente durante 30 minutos para evitar que se quiebren.

Licuar la levadura con el azúcar y un poco de agua tibia y dejar reposar hasta que esté espumosa. Mezclar las harinas, la sal y el salvado y hacer un hueco en el centro. Mezcle la mezcla de agua tibia y levadura y amase hasta obtener una masa firme. Coloque sobre una superficie enharinada y amase durante unos 10 minutos hasta que quede suave y elástica. Alternativamente, puede hacer esto en un procesador de alimentos. Coloque la masa en un recipiente limpio, cubra con film transparente aceitado (envoltura de plástico) y déjela en un lugar cálido para que suba durante aproximadamente 1 hora hasta que duplique su tamaño.

Colocar sobre una superficie enharinada y amasar nuevamente durante 10 minutos. Formar las tres macetas engrasadas, tapar y dejar reposar durante 45 minutos hasta que la masa haya subido por encima de las macetas.

Cepille la masa con leche y espolvoree con el trigo partido. Hornee en horno precalentado a 230 ° C / 450 ° F / marca de gas 8 durante

15 minutos. Reducir la temperatura del horno a 200 ° C / 400 ° F / marca de gas 6 y hornear durante 30 minutos más hasta que esté bien levantado y firme. Apagar y dejar enfriar.

Rollos de mantequilla

Hace 12

450 g / 1 lb Masa de pan blanca básica

100 g / 4 oz / ½ taza de mantequilla o margarina, cortada en cubitos

Hacer la masa de pan y dejar que suba hasta que duplique su tamaño y esté elástica al tacto.

Amasar nuevamente la masa y trabajar con la mantequilla o margarina. Forme 12 rollos y colóquelos bien separados en una bandeja para hornear engrasada (para galletas). Cubrir con film transparente aceitado (envoltura de plástico) y dejar reposar en un lugar cálido durante aproximadamente 1 hora hasta que duplique su tamaño.

Hornee en un horno precalentado a 230 ° C / 450 ° F / marca de gas 8 durante 20 minutos hasta que se doren y suenen huecos al golpear la base.

Pan de suero de leche

Rinde una barra de 675 g / 1½ lb

450 g / 1 lb / 4 tazas de harina común (para todo uso)

5 ml / 1 cucharadita de crémor tártaro

5 ml / 1 cucharadita de bicarbonato de sodio (bicarbonato de sodio)

250 ml / 8 fl oz / 1 taza de suero de leche

Mezclar la harina, el crémor tártaro y el bicarbonato de sodio en un bol y hacer un hueco en el centro. Agregue suficiente suero de leche para mezclar hasta obtener una masa suave. Forme una ronda y colóquela en una bandeja para hornear engrasada (para galletas). Hornee en un horno precalentado a 220 ° C / 425 ° F / marca de gas 7 durante 20 minutos hasta que esté bien levantado y dorado.

Pan de maíz canadiense

Hace una barra de 23 cm / 9 pulgadas

150 g / 5 oz / 1¼ tazas de harina común (para todo uso)

75 g / 3 oz / ¾ taza de harina de maíz

15 ml / 1 cucharada de levadura en polvo

2,5 ml / ½ cucharadita de sal

100 g / 4 oz / 1/3 taza de jarabe de arce

100 g / 4 oz / ½ taza de manteca de cerdo (manteca vegetal), derretida

2 huevos batidos

Mezcle los ingredientes secos, luego mezcle el almíbar, la manteca de cerdo y los huevos y revuelva hasta que esté bien mezclado. Vierta en un molde para hornear engrasado de 23 cm / 9 en (molde) y hornee en un horno precalentado a 220 ° C / 425 ° F / marca de gas 7 durante 25 minutos hasta que esté bien levantado y dorado, y comience a encogerse de los lados. de la lata.

Rollos de Cornualles

Hace 12

25 g / 1 oz de levadura fresca o 40 ml / 2½ cucharadas de levadura seca

15 ml / 1 cucharada de azúcar en polvo (superfina)

300 ml / ½ pt / 1¼ tazas de leche tibia

50 g / 2 oz / ¼ taza de mantequilla o margarina

450 g / 1 lb / 4 tazas de harina común (para pan) fuerte

Una pizca de sal

Licúa la levadura con el azúcar y un poco de leche tibia y déjala en un lugar tibio por 20 minutos hasta que esté espumosa. Frote la mantequilla o la margarina en la harina y la sal y haga un hueco en el centro. Agregue la mezcla de levadura y la leche restante y mezcle hasta obtener una masa suave. Amasar hasta que quede elástico y ya no esté pegajoso. Coloque en un recipiente engrasado y cubra con film transparente aceitado (envoltura de plástico). Déjelo en un lugar cálido durante aproximadamente 1 hora hasta que duplique su tamaño.

Forme la masa en 12 rollos planos y colóquelos en una bandeja para hornear engrasada (para galletas). Cubrir con film transparente aceitado y dejar reposar durante 15 minutos.

Hornee en un horno precalentado a 230 ° C / 450 ° F / marca de gas 8 durante 15-20 minutos hasta que esté bien cocido y dorado.

Pan plano de campo

Hace seis panes pequeños

10 ml / 2 cucharaditas de levadura seca

15 ml / 1 cucharada de miel clara

120 ml / 4 fl oz / ½ taza de agua tibia

350 g / 12 oz / 3 tazas de harina común (para pan) fuerte

5 ml / 1 cucharadita de sal

50 g / 2 oz / ¼ taza de mantequilla o margarina

5 ml / 1 cucharadita de semillas de alcaravea

5 ml / 1 cucharadita de cilantro molido

5 ml / 1 cucharadita de cardamomo molido

120 ml / 4 fl oz / ½ taza de leche tibia

60 ml / 4 cucharadas de semillas de sésamo

Licuar la levadura y la miel con 45 ml / 3 cucharadas de agua tibia y 15 ml / 1 cucharada de harina y dejar durante unos 20 minutos en un lugar cálido hasta que esté espumoso. Mezcle la harina restante con la sal, luego frote la mantequilla o margarina y agregue las semillas de alcaravea, el cilantro y el cardamomo y haga un hueco en el centro. Agrega la mezcla de levadura, el agua restante y suficiente leche para hacer una masa suave. Amasar bien hasta que esté firme y ya no esté pegajoso. Coloque en un recipiente engrasado, cubra con film transparente aceitado (envoltura de plástico) y déjelo en un lugar cálido durante unos 30 minutos hasta que duplique su tamaño.

Amasar la masa nuevamente, luego dar forma a tortas planas. Coloque en una bandeja para hornear engrasada (para galletas) y cepille con leche. Espolvorea con semillas de sésamo. Cubrir con film transparente aceitado y dejar reposar durante 15 minutos.

Hornee en un horno precalentado a 200 ° C / 400 ° F / marca de gas 6 durante 30 minutos hasta que esté dorado.

Trenza de semillas de amapola campestre

Rinde una barra de 450 g / 1 lb

275 g / 10 oz / 2½ tazas de harina común (para todo uso)

25 g / 1 oz / 2 cucharadas de azúcar en polvo (superfina)

5 ml / 1 cucharadita de sal

10 ml / 2 cucharaditas de levadura seca fácil de mezclar

175 ml / 6 fl oz / ¾ taza de leche

25 g / 1 oz / 2 cucharadas de mantequilla o margarina

1 huevo

Un poco de leche o clara de huevo para glasear

30 ml / 2 cucharadas de semillas de amapola

Mezcle la harina, el azúcar, la sal y la levadura. Calentar la leche con la mantequilla o la margarina, luego mezclar con la harina con el huevo y amasar hasta obtener una masa firme. Amasar hasta que quede elástico y ya no esté pegajoso. Coloque en un recipiente engrasado, cubra con film transparente aceitado (envoltura de plástico) y déjelo en un lugar cálido durante aproximadamente 1 hora hasta que duplique su tamaño.

Amasar de nuevo y dar forma a tres salchichas de unos 20 cm de largo. Humedece un extremo de cada tira y presiónalas juntas, luego trenza las tiras juntas, humedece y sella los extremos. Coloque en una bandeja para hornear engrasada (para galletas), cubra con film transparente engrasado y deje reposar durante unos 40 minutos hasta que duplique su tamaño.

Unte con leche o clara de huevo y espolvoree con semillas de amapola. Hornee en un horno precalentado a 190 ° C / 375 ° F / marca de gas 5 durante unos 45 minutos hasta que se doren.

Pan Integral del País

Rinde dos panes de 450 g / 1 lb

20 ml / 4 cucharaditas de levadura seca

5 ml / 1 cucharadita de azúcar en polvo (superfina)

600 ml / 1 pt / 2½ tazas de agua tibia

25 g / 1 oz / 2 cucharadas de grasa vegetal (manteca)

800 g / 1¾ lb / 7 tazas de harina integral (integral)

10 ml / 2 cucharaditas de sal

10 ml / 2 cucharaditas de extracto de malta

1 huevo batido

25 g / 1 oz / ¼ taza de trigo triturado

Licúa la levadura con el azúcar y un poco de agua tibia y deja por unos 20 minutos hasta que esté espumosa. Frote la grasa con la harina, la sal y el extracto de malta y haga un hueco en el centro. Agregue la mezcla de levadura y el agua tibia restante y mezcle hasta obtener una masa suave. Amasar bien hasta que quede elástico y ya no esté pegajoso. Coloque en un recipiente engrasado, cubra con film transparente aceitado (envoltura de plástico) y déjelo en un lugar cálido durante aproximadamente 1 hora hasta que duplique su tamaño.

Amasar de nuevo la masa y formar dos moldes para hogazas (moldes) engrasados de 450 g / 1 lb. Dejar reposar en un lugar cálido durante unos 40 minutos hasta que la masa se eleve justo por encima de la parte superior de las latas.

Cepille generosamente la parte superior de los panes con huevo y espolvoree con trigo triturado. Hornee en un horno precalentado a 230 ° C / 450 ° F / marca de gas 8 durante aproximadamente 30 minutos hasta que esté dorado y suene hueco cuando se golpee la base.

Trenzas de curry

Rinde dos panes de 450 g / 1 lb

120 ml / 4 fl oz / ½ taza de agua tibia

30 ml / 2 cucharadas de levadura seca

225 g / 8 oz / 2/3 taza de miel clara

25 g / 1 oz / 2 cucharadas de mantequilla o margarina

30 ml / 2 cucharadas de curry en polvo

675 g / 1½ lb / 6 tazas de harina común (para todo uso)

10 ml / 2 cucharaditas de sal

450 ml / ¾ pt / 2 tazas de suero de leche

1 huevo

10 ml / 2 cucharaditas de agua

45 ml / 3 cucharadas de almendras en copos (en rodajas)

Mezclar el agua con la levadura y 5 ml / 1 cucharadita de miel y dejar reposar 20 minutos hasta que esté espumoso. Derrita la mantequilla o la margarina, luego agregue el curry en polvo y cocine a fuego lento durante 1 minuto. Agregue el resto de la miel y retire del fuego. Coloca la mitad de la harina y la sal en un bol y haz un hueco en el centro. Agregue la mezcla de levadura, la mezcla de miel y el suero de leche y agregue gradualmente la harina restante a medida que se mezcla hasta obtener una masa suave. Amasar hasta que esté suave y elástica. Coloque en un recipiente engrasado, cubra con film transparente aceitado y déjelo en un lugar cálido durante aproximadamente 1 hora hasta que duplique su tamaño.

Amasar de nuevo y dividir la masa por la mitad. Cortar cada pieza en tres y enrollar en 20 cm / 8 en forma de salchicha. Humedezca un extremo de cada tira y presione juntos en dos lotes de tres para sellar. Trenza los dos juegos de tiras y sella los extremos. Coloque en una bandeja para hornear engrasada (para galletas), cubra con film transparente engrasado (envoltura de plástico) y deje reposar durante unos 40 minutos hasta que duplique su tamaño.

Batir el huevo con el agua y untar los panes, luego espolvorear con almendras. Hornee en un horno precalentado a 190 ° C / 375 ° F / marca de gas 5 durante 40 minutos hasta que se doren y suenen huecos al golpear la base.

Devon se divide

Hace 12

25 g / 1 oz de levadura fresca o 40 ml / 2½ cucharadas de levadura seca

5 ml / 1 cucharadita de azúcar en polvo (superfina)

150 ml / ¼ pt / 2/3 taza de leche tibia

50 g / 2 oz / ¼ taza de mantequilla o margarina

450 g / 1 lb / 4 tazas de harina común (para pan) fuerte

150 ml / ¼ pt / 2/3 taza de agua tibia

Licúa la levadura con el azúcar y un poco de leche tibia y déjala en un lugar tibio por 20 minutos hasta que esté espumosa. Frote la mantequilla o la margarina en la harina y haga un hueco en el centro. Agregue la mezcla de levadura, la leche restante y el agua y mezcle hasta obtener una masa suave. Amasar hasta que quede elástico y ya no esté pegajoso. Coloque en un recipiente engrasado y cubra con film transparente aceitado (envoltura de plástico). Déjelo en un lugar cálido durante aproximadamente 1 hora hasta que duplique su tamaño.

Forme la masa en 12 rollos planos y colóquelos en una bandeja para hornear engrasada (para galletas). Dejar reposar durante 15 minutos.

Hornee en un horno precalentado a 230 ° C / 450 ° F / marca de gas 8 durante 15 a 20 minutos hasta que esté bien levantado y dorado.

Pan de germen de trigo con frutas

Rinde una barra de 900 g / 2 lb

225 g / 8 oz / 2 tazas de harina común (para todo uso)

5 ml / 1 cucharadita de sal

5 ml / 1 cucharadita de bicarbonato de sodio (bicarbonato de sodio)

5 ml / 1 cucharadita de levadura en polvo

175 g / 6 oz / 1½ tazas de germen de trigo

100 g / 4 oz / 1 taza de harina de maíz

100 g / 4 oz / 1 taza de copos de avena

350 g / 12 oz / 2 tazas de pasas sultanas (pasas doradas)

1 huevo, ligeramente batido

250 ml / 8 fl oz / 1 taza de yogur natural

150 ml / ¼ pt / 2/3 taza de melaza negra (melaza)

60 ml / 4 cucharadas de jarabe dorado (maíz ligero)

30 ml / 2 cucharadas de aceite

Mezclar los ingredientes secos y las pasas sultanas y hacer un hueco en el centro. Mezcle el huevo, el yogur, la melaza, el almíbar y el aceite, luego agregue los ingredientes secos y mezcle hasta obtener una masa suave. Forme un molde (molde) para pan engrasado de 900 g / 2 lb y hornee en un horno precalentado a 180 ° C / 350 ° F / marca de gas 4 durante 1 hora hasta que esté firme al tacto. Dejar enfriar en la lata durante 10 minutos antes de pasar a una rejilla para terminar de enfriar.

Trenzas de leche afrutadas

Rinde dos panes de 450 g / 1 lb

15 g / ½ oz de levadura fresca o 20 ml / 4 cucharaditas de levadura seca

5 ml / 1 cucharadita de azúcar en polvo (superfina)

450 ml / ¾ pt / 2 tazas de leche tibia

50 g / 2 oz / ¼ taza de mantequilla o margarina

675 g / 1½ lb / 6 tazas de harina común (para todo uso)

Una pizca de sal

100 g / 4 oz / 2/3 taza de pasas

25 g / 1 oz / 3 cucharadas de grosellas

25 g / 1 oz / 3 cucharadas de cáscara mezclada (confitada) picada

Leche para glasear

Licúa la levadura con el azúcar y un poco de leche tibia. Deje reposar en un lugar cálido durante unos 20 minutos hasta que esté espumoso. Frote la mantequilla o la margarina en la harina y la sal, agregue las pasas, las grosellas y la cáscara mezclada y haga un hueco en el centro. Mezcle la leche tibia restante y la mezcla de levadura y amase hasta obtener una masa suave pero no pegajosa. Coloque en un recipiente engrasado y cubra con film transparente aceitado (envoltura de plástico). Déjelo en un lugar cálido durante aproximadamente 1 hora hasta que duplique su tamaño.

Amasar de nuevo ligeramente, luego dividir por la mitad. Divida cada mitad en tres y enrolle en forma de salchicha. Humedece un extremo de cada rollo y presiona tres suavemente, luego trenza la masa, humedece y sella los extremos. Repita con la otra trenza de masa. Coloque en una bandeja para hornear engrasada (para galletas), cubra con film transparente engrasado (envoltura de plástico) y deje reposar durante unos 15 minutos.

Cepille con un poco de leche, luego hornee en un horno precalentado a 200 ° C / 400 ° F / marca de gas 6 durante 30 minutos hasta que se dore y suene hueco cuando se golpee la base.

Pan de granero

Rinde dos panes de 900 g / 2 lb

25 g / 1 oz de levadura fresca o 40 ml / 2½ cucharadas de levadura seca

5 ml / 1 cucharadita de miel

450 ml / ¾ pt / 2 tazas de agua tibia

350 g / 12 oz / 3 tazas de harina de granero

350 g / 12 oz / 3 tazas de harina integral (integral)

15 ml / 1 cucharada de sal

15 g / ½ oz / 1 cucharada de mantequilla o margarina

Licúa la levadura con la miel y un poco de agua tibia y déjala en un lugar tibio por unos 20 minutos hasta que esté espumosa. Mezclar las harinas y la sal y untar con mantequilla o margarina. Incorpora la mezcla de levadura y suficiente agua tibia para hacer una masa suave. Amasar sobre una superficie ligeramente enharinada hasta que quede suave y ya no esté pegajoso. Coloque en un recipiente engrasado, cubra con film transparente aceitado (envoltura de plástico) y déjelo en un lugar cálido durante aproximadamente 1 hora hasta que duplique su tamaño.

Amasar de nuevo y formar dos moldes para hogazas engrasados de 900 g / 2 lb. Cubrir con film transparente engrasado y dejar reposar hasta que la masa llegue a la parte superior de las latas.

Hornee en un horno precalentado a 220 ° C / 425 ° F / marca de gas 7 durante 25 minutos hasta que se doren y suenen huecos al golpear la base.

Rollos de granero

Hace 12

15 g / ½ oz de levadura fresca o 20 ml / 2½ cucharadas de levadura seca

5 ml / 1 cucharadita de azúcar en polvo (superfina)

300 ml / ½ pt / 1¼ tazas de agua tibia

450 g / 1 lb / 4 tazas de harina de granero

5 ml / 1 cucharadita de sal

5 ml / 1 cucharada de extracto de malta

30 ml / 2 cucharadas de trigo triturado

Licuar la levadura con el azúcar y un poco de agua tibia y dejar en un lugar tibio hasta que esté espumoso. Mezcle la harina y la sal, luego mezcle la mezcla de levadura, el agua tibia restante y el extracto de malta. Amasar sobre una superficie ligeramente enharinada hasta que quede suave y elástica. Coloque en un recipiente engrasado, cubra con film transparente aceitado (envoltura de plástico) y déjelo en un lugar cálido durante aproximadamente 1 hora hasta que duplique su tamaño.

Amase ligeramente, luego forme rollos y colóquelos en una bandeja para hornear engrasada (para galletas). Cepille con agua y espolvoree con trigo partido. Cubrir con film transparente aceitado y dejar en un lugar cálido durante unos 40 minutos hasta que duplique su tamaño.

Hornee en un horno precalentado a 220 ° C / 425 ° F / marca de gas 7 durante 10 a 15 minutos hasta que suene hueco al golpear la base.

Pan de Granero con Avellanas

Rinde una barra de 900 g / 2 lb

15 g / ½ oz de levadura fresca o 20 ml / 4 cucharaditas de levadura seca

5 ml / 1 cucharadita de azúcar morena suave

450 ml / ¾ pt / 2 tazas de agua tibia

450 g / 1 lb / 4 tazas de harina de granero

175 g / 6 oz / 1½ tazas de harina común (para pan) fuerte

5 ml / 1 cucharadita de sal

15 ml / 1 cucharada de aceite de oliva

100 g / 4 oz / 1 taza de avellanas, picadas en trozos grandes

Licúa la levadura con el azúcar y un poco de agua tibia y deja en un lugar tibio por 20 minutos hasta que esté espumosa. Mezcle las harinas y la sal en un bol, agregue la mezcla de levadura, el aceite y el agua tibia restante y mezcle hasta obtener una masa firme. Amasar hasta que quede suave y ya no esté pegajoso. Coloque en un recipiente engrasado, cubra con film transparente aceitado (envoltura de plástico) y déjelo en un lugar cálido durante aproximadamente 1 hora hasta que duplique su tamaño.

Amasar de nuevo ligeramente y trabajar en las nueces, luego dar forma a un molde (molde) para pan engrasado de 900 g / 2 lb, cubrir con film transparente engrasado y dejar en un lugar cálido durante 30 minutos hasta que la masa haya subido por encima del borde del molde.

Hornee en un horno precalentado a 220 ° C / 425 ° F / marca de gas 7 durante 30 minutos hasta que se dore y suene hueco cuando se golpee la base.

Grissini

Hace 12

25 g / 1 oz de levadura fresca o 40 ml / 2½ cucharadas de levadura seca

15 ml / 1 cucharada de azúcar en polvo (superfina)

120 ml / 4 fl oz / ½ taza de leche tibia

25 g / 1 oz / 2 cucharadas de mantequilla o margarina

450 g / 1 lb / 4 tazas de harina común (para pan) fuerte

10 ml / 2 cucharaditas de sal

Licuar la levadura con 5 ml / 1 cucharadita de azúcar y un poco de leche tibia y dejar en un lugar tibio durante 20 minutos hasta que esté espumoso. Derrita la mantequilla y el azúcar restante en la leche tibia restante. Coloque la harina y la sal en un bol y haga un hueco en el centro. Vierta la mezcla de levadura y leche y combine para hacer una masa húmeda. Amasar hasta que quede suave. Coloque en un recipiente engrasado, cubra con film transparente aceitado (envoltura de plástico) y déjelo en un lugar cálido durante aproximadamente 1 hora hasta que duplique su tamaño.

Amasar ligeramente, luego dividir en 12 y extender en palitos largos y delgados y colocar, bien separados, en una bandeja para hornear engrasada (para galletas). Cubrir con film transparente aceitado y dejar reposar en un lugar cálido durante 20 minutos.

Cepille los palitos de pan con agua, luego hornee en un horno precalentado a 220 ° C / 425 ° F / marca de gas 7 durante 10 minutos, luego reduzca la temperatura del horno a 180 ° C / 350 ° F / marca de gas 4 y hornee por un otros 20 minutos hasta que estén crujientes.

Trenza de cosecha

Rinde una barra de 550 g / 1¼ lb

25 g / 1 oz de levadura fresca o 40 ml / 2½ cucharadas de levadura seca

25 g / 1 oz / 2 cucharadas de azúcar en polvo (superfina)

150 ml / ¼ pt / 2/3 taza de leche tibia

50 g / 2 oz / ¼ taza de mantequilla o margarina, derretida

1 huevo batido

450 g / 1 lb / 4 tazas de harina común (para todo uso)

Una pizca de sal

30 ml / 2 cucharadas de grosellas

2,5 ml / ½ cucharadita de canela molida

5 ml / 1 cucharadita de cáscara de limón rallada

Leche para glasear

Licuar la levadura con 2,5 ml / ½ cucharadita de azúcar y un poco de leche tibia y dejar en un lugar cálido unos 20 minutos hasta que esté espumosa. Mezclar el resto de la leche con la mantequilla o la margarina y dejar enfriar un poco. Incorpora el huevo. Coloque el resto de los ingredientes en un bol y haga un hueco en el centro. Agregue la leche y las mezclas de levadura y mezcle hasta obtener una masa suave. Amasar hasta que quede elástico y ya no esté pegajoso. Coloque en un recipiente engrasado y cubra con film transparente aceitado (envoltura de plástico). Déjelo en un lugar cálido durante aproximadamente 1 hora hasta que duplique su tamaño.

Dividir la masa en tres y enrollar en tiras. Humedece un extremo de cada tira y sella los extremos juntos, luego trenza y humedece y asegura los otros extremos. Coloque en una bandeja para hornear engrasada (para galletas), cubra con film transparente engrasado y deje en un lugar cálido durante 15 minutos.

Unte con un poco de leche y hornee en un horno precalentado a 220 ° C / 425 ° F / marca de gas 7 durante 15-20 minutos hasta que se dore y suene hueco cuando se golpee la base.

Pan de leche

Rinde dos panes de 450 g / 1 lb

15 g / ½ oz de levadura fresca o 20 ml / 4 cucharaditas de levadura seca

5 ml / 1 cucharadita de azúcar en polvo (superfina)

450 ml / ¾ pt / 2 tazas de leche tibia

50 g / 2 oz / ¼ taza de mantequilla o margarina

675 g / 1½ lb / 6 tazas de harina común (para todo uso)

Una pizca de sal

Leche para glasear

Licúa la levadura con el azúcar y un poco de leche tibia. Deje reposar en un lugar cálido durante unos 20 minutos hasta que esté espumoso. Frote la mantequilla o la margarina en la harina y la sal y haga un hueco en el centro. Mezcle la leche tibia restante y la mezcla de levadura y amase hasta obtener una masa suave pero no pegajosa. Coloque en un recipiente engrasado y cubra con film transparente aceitado (envoltura de plástico). Déjelo en un lugar cálido durante aproximadamente 1 hora hasta que duplique su tamaño.

Amasar de nuevo ligeramente, luego dividir la mezcla entre dos moldes de pan (moldes) engrasados de 450 g / 1 lb, cubrir con film transparente engrasado y dejar reposar durante unos 15 minutos hasta que la masa esté justo por encima de la parte superior de los moldes.

Cepille con un poco de leche, luego hornee en un horno precalentado a 200 ° C / 400 ° F / marca de gas 6 durante 30 minutos hasta que se dore y suene hueco cuando se golpee la base.

Pan de frutas con leche

Rinde dos panes de 450 g / 1 lb

15 g / ½ oz de levadura fresca o 20 ml / 4 cucharaditas de levadura seca

5 ml / 1 cucharadita de azúcar en polvo (superfina)

450 ml / ¾ pt / 2 tazas de leche tibia

50 g / 2 oz / ¼ taza de mantequilla o margarina

675 g / 1½ lb / 6 tazas de harina común (para todo uso)

Una pizca de sal

100 g / 4 oz / 2/3 taza de pasas

Leche para glasear

Licúa la levadura con el azúcar y un poco de leche tibia. Deje reposar en un lugar cálido durante unos 20 minutos hasta que esté espumoso. Frote la mantequilla o la margarina con la harina y la sal, agregue las pasas y haga un hueco en el centro. Mezcle la leche tibia restante y la mezcla de levadura y amase hasta obtener una masa suave pero no pegajosa. Coloque en un recipiente engrasado y cubra con film transparente aceitado (envoltura de plástico). Déjelo en un lugar cálido durante aproximadamente 1 hora hasta que duplique su tamaño.

Amasar de nuevo ligeramente, luego dividir la mezcla entre dos moldes de pan (moldes) engrasados de 450 g / 1 lb, cubrir con film transparente engrasado y dejar reposar durante unos 15 minutos hasta que la masa esté justo por encima de la parte superior de los moldes.

Cepille con un poco de leche, luego hornee en un horno precalentado a 200 ° C / 400 ° F / marca de gas 6 durante 30 minutos hasta que se dore y suene hueco cuando se golpee la base.

Pan de gloria de la mañana

Rinde dos panes de 450 g / 1 lb

100 g / 4 oz / 1 taza de granos de trigo integral

15 ml / 1 cucharada de extracto de malta

450 ml / ¾ pt / 2 tazas de agua tibia

25 g / 1 oz de levadura fresca o 40 ml / 2½ cucharadas de levadura seca

30 ml / 2 cucharadas de miel clara

25 g / 1 oz / 2 cucharadas de grasa vegetal (manteca)

675 g / 1½ lb / 6 tazas de harina integral (integral)

25 g / 1 oz / ¼ taza de leche en polvo (leche desnatada en polvo)

5 ml / 1 cucharadita de sal

Remoje los granos de trigo integral y el extracto de malta en agua tibia durante la noche.

Licúa la levadura con un poco más de agua tibia y 5 ml / 1 cucharadita de miel. Dejar en un lugar cálido durante unos 20 minutos hasta que esté espumoso. Frote la grasa con la harina, la leche en polvo y la sal y haga un hueco en el centro. Agregue la mezcla de levadura, la miel restante y la mezcla de trigo y mezcle hasta formar una masa. Amasar bien hasta que quede suave y ya no esté pegajoso. Coloque en un recipiente engrasado, cubra con film transparente aceitado (envoltura de plástico) y déjelo en un lugar cálido durante aproximadamente 1 hora hasta que duplique su tamaño.

Amasar la masa nuevamente, luego dar forma a dos moldes de pan (moldes) engrasados de 450 g / 1 lb. Cubrir con film transparente aceitado y dejar en un lugar cálido durante 40 minutos hasta que la masa llegue justo por encima de la parte superior de las latas.

Hornee en un horno precalentado a 200 ° C / 425 ° F / marca de gas 7 durante aproximadamente 25 minutos hasta que esté bien levantado y suene hueco cuando se golpee la base.

Pan de muffin

Rinde dos panes de 900 g / 2 lb

300 g / 10 oz / 2½ tazas de harina integral (integral)

300 g / 10 oz / 2½ tazas de harina común (para todo uso)

40 ml / 2½ cucharadas de levadura seca

15 ml / 1 cucharada de azúcar en polvo (superfina)

10 ml / 2 cucharaditas de sal

500 ml / 17 fl oz / 2¼ tazas de leche tibia

2,5 ml / ½ cucharadita de bicarbonato de sodio (bicarbonato de sodio)

15 ml / 1 cucharada de agua tibia

Mezclar las harinas. Mida 350 g / 12 oz / 3 tazas de las harinas mezcladas en un bol y mezcle la levadura, el azúcar y la sal. Agregue la leche y bata hasta obtener una mezcla firme. Mezcle el bicarbonato de sodio y el agua y revuelva en la masa con la harina restante. Divida la mezcla entre dos moldes para pan (moldes) engrasados de 900 g / 2 lb, tápelos y déjelos reposar durante aproximadamente 1 hora hasta que dupliquen su tamaño.

Hornee en un horno precalentado a 190 ° C / 375 ° F / marca de gas 5 durante 1¼ horas hasta que esté bien levantado y dorado.

Pan sin leudar

Rinde una barra de 900 g / 2 lb

450 g / 1 lb / 4 tazas de harina integral (integral)

175 g / 6 oz / 1½ tazas de harina con levadura

5 ml / 1 cucharadita de sal

30 ml / 2 cucharadas de azúcar en polvo (superfina)

450 ml / ¾ pt / 2 tazas de leche

20 ml / 4 cucharaditas de vinagre

30 ml / 2 cucharadas de aceite

5 ml / 1 cucharadita de bicarbonato de sodio (bicarbonato de sodio)

Mezclar las harinas, la sal y el azúcar y hacer un hueco en el centro. Batir la leche, el vinagre, el aceite y el bicarbonato de sodio, verter en los ingredientes secos y mezclar hasta obtener una masa suave. Forme un molde (molde) para pan engrasado de 900 g / 2 lb y hornee en un horno precalentado a 180 ° C / 350 ° F / marca de gas 4 durante 1 hora hasta que se dore y suene hueco cuando se golpee la base.

Masa para pizza

Rinde para dos pizzas de 23 cm / 9 pulgadas

15 g / ½ oz de levadura fresca o 20 ml / 4 cucharaditas de levadura seca

Una pizca de azucar

250 ml / 8 fl oz / 1 taza de agua tibia

350 g / 12 oz / 3 tazas de harina común (para todo uso)

Una pizca de sal

30 ml / 2 cucharadas de aceite de oliva

Licúa la levadura con el azúcar y un poco de agua tibia y deja en un lugar tibio por 20 minutos hasta que esté espumosa. Mezclar con la harina con la sal y el aceite de oliva y amasar hasta que quede suave y ya no esté pegajoso. Coloque en un recipiente engrasado, cubra con film transparente aceitado (envoltura de plástico) y déjelo en un lugar cálido durante 1 hora hasta que duplique su tamaño. Amasar de nuevo y dar forma según sea necesario.

Mazorca de avena

Rinde una barra de 450 g / 1 lb

25 g / 1 oz de levadura fresca o 40 ml / 2½ cucharadas de levadura seca

5 ml / 1 cucharadita de azúcar en polvo (superfina)

150 ml / ¼ pt / 2/3 taza de leche tibia

150 ml / ¼ pt / 2/3 taza de agua tibia

400 g / 14 oz / 3½ tazas de harina común (para pan) fuerte

5 ml / 1 cucharadita de sal

25 g / 1 oz / 2 cucharadas de mantequilla o margarina

100 g / 4 oz / 1 taza de avena mediana

Licuar la levadura y el azúcar con la leche y el agua y dejar en un lugar cálido hasta que esté espumoso. Mezcle la harina y la sal, luego frote la mantequilla o margarina y agregue la avena. Haga un hueco en el centro, vierta la mezcla de levadura y mezcle hasta obtener una masa suave. Colocar sobre una superficie enharinada y amasar durante 10 minutos hasta que quede suave y elástica. Coloque en un recipiente engrasado, cubra con film transparente aceitado (envoltura de plástico) y déjelo en un lugar cálido para que suba durante aproximadamente 1 hora hasta que duplique su tamaño.

Amasar la masa nuevamente, luego dar la forma de barra de su elección. Coloque en una bandeja para hornear engrasada (para galletas), cepille con un poco de agua, cubra con film transparente engrasado y deje en un lugar cálido durante unos 40 minutos hasta que duplique su tamaño.

Hornee en un horno precalentado a 230 ° C / 450 ° F / marca de gas 8 durante 25 minutos hasta que esté bien levantado y dorado y con un sonido hueco cuando se golpee la base.

Farl de avena

Hace 4

25 g / 1 oz de levadura fresca o 40 ml / 2½ cucharadas de levadura seca

5 ml / 1 cucharadita de miel

300 ml / ½ pt / 1¼ tazas de agua tibia

450 g / 1 lb / 4 tazas de harina común (para pan) fuerte

50 g / 2 oz / ½ taza de avena mediana

2,5 ml / ½ cucharadita de levadura en polvo

Una pizca de sal

25 g / 1 oz / 2 cucharadas de mantequilla o margarina

Licúa la levadura con la miel y un poco de agua tibia y déjala en un lugar tibio por 20 minutos hasta que esté espumosa.

Mezcle la harina, la avena, el polvo de hornear y la sal y frote la mantequilla o la margarina. Agregue la mezcla de levadura y el agua tibia restante y mezcle hasta obtener una masa medianamente suave. Amasar hasta que quede elástico y ya no esté pegajoso. Coloque en un recipiente engrasado, cubra con film transparente aceitado (envoltura de plástico) y déjelo en un lugar cálido durante aproximadamente 1 hora hasta que duplique su tamaño.

Amasar de nuevo ligeramente y dar forma a una ronda de unos 3 cm de grosor. Corte en cuartos y colóquelos, ligeramente separados pero aún en la forma redonda original, en una bandeja para hornear engrasada (para galletas). Cubrir con film transparente aceitado y dejar reposar durante unos 30 minutos hasta que duplique su tamaño.

Hornee en un horno precalentado a 200 ° C / 400 ° F / marca de gas 6 durante 30 minutos hasta que se dore y suene hueco cuando se golpee la base.

Pan de pita

Rinde 6

15 g / ½ oz de levadura fresca o 20 ml / 4 cucharaditas de levadura seca

5 ml / 1 cucharadita de azúcar en polvo (superfina)

300 ml / ½ pt / 1¼ tazas de agua tibia

450 g / 1 lb / 4 tazas de harina común (para pan) fuerte

5 ml / 1 cucharadita de sal

Mezclar la levadura, el azúcar y un poco de agua tibia y dejar en un lugar cálido durante 20 minutos hasta que esté espumoso. Mezcle la mezcla de levadura y el agua tibia restante con la harina y la sal y mezcle hasta obtener una masa firme. Amasar hasta que esté suave y elástica. Coloque en un recipiente engrasado, cubra con film transparente aceitado (envoltura de plástico) y déjelo en un lugar cálido durante aproximadamente 1 hora hasta que duplique su tamaño.

Amasar de nuevo y dividir en seis piezas. Enrolle en óvalos de unos 5 mm / ¼ de grosor y colóquelos en una bandeja para hornear engrasada (para galletas). Cubrir con film transparente aceitado y dejar reposar durante 40 minutos hasta que duplique su tamaño.

Hornee en un horno precalentado a 230 ° C / 450 ° F / marca de gas 8 durante 10 minutos hasta que esté ligeramente dorado.

Pan Integral Rápido

Rinde dos panes de 450 g / 1 lb

15 g / ½ oz de levadura fresca o 20 ml / 4 cucharaditas de levadura seca

300 ml / ½ pt / 1¼ tazas de leche tibia y agua mezcladas

15 ml / 1 cucharada de melaza negra (melaza)

225 g / 8 oz / 2 tazas de harina integral (integral)

225 g / 8 oz / 2 tazas de harina común (para todo uso)

10 ml / 2 cucharaditas de sal

25 g / 1 oz / 2 cucharadas de mantequilla o margarina

15 ml / 1 cucharada de trigo triturado

Licuar la levadura con un poco de leche tibia y agua y la melaza y dejar en un lugar tibio hasta que esté espumosa. Mezclar las harinas y la sal y untar con mantequilla o margarina. Haga un hueco en el centro y vierta la mezcla de levadura hasta obtener una masa firme. Coloque sobre una superficie enharinada y amase durante 10 minutos hasta que quede suave y elástica, o procese en un procesador de alimentos. Forme dos panes y colóquelos en moldes de pan de 450 g / 1 lb engrasados y forrados. Cepille la parte superior con agua y espolvoree con el trigo partido. Cubra con film transparente aceitado (envoltura de plástico) y déjelo en un lugar cálido durante aproximadamente 1 hora hasta que duplique su tamaño.

Hornee en un horno precalentado a 240 ° C / 475 ° F / marca de gas 8 durante 40 minutos hasta que los panes suenen huecos al golpear la base.

Pan de arroz húmedo

Rinde una barra de 900 g / 2 lb

75 g / 3 oz / 1/3 taza de arroz de grano largo

15 g / ½ oz de levadura fresca o 20 ml / 4 cucharaditas de levadura seca

Una pizca de azucar

250 ml / 8 fl oz / 1 taza de agua tibia

550 g / 1¼ lb / 5 tazas de harina común (para pan) fuerte

2,5 ml / ½ cucharadita de sal

Mida el arroz en una taza y luego viértalo en una sartén. Añadir tres veces el volumen de agua fría, llevar a ebullición, tapar y cocinar a fuego lento durante unos 20 minutos hasta que el agua se haya absorbido. Mientras tanto licúa la levadura con el azúcar y un poco de agua tibia y déjala en un lugar tibio por 20 minutos hasta que esté espumosa.

Coloque la harina y la sal en un bol y haga un hueco en el centro. Incorpora la mezcla de levadura y el arroz tibio y mezcla hasta obtener una masa suave. Coloque en un recipiente engrasado, cubra con film transparente aceitado (envoltura de plástico) y déjelo en un lugar cálido durante aproximadamente 1 hora hasta que duplique su tamaño.

Amasar ligeramente, agregando un poco más de harina si la masa está demasiado blanda para trabajar, y dar forma a un molde (molde) para pan engrasado de 900 g / 2 lb. Cubrir con film transparente engrasado y dejar en un lugar cálido durante 30 minutos hasta que la masa haya subido por encima del borde del molde.

Hornee en un horno precalentado a 230 ° C / 450 ° F / marca de gas 8 durante 10 minutos, luego reduzca la temperatura del horno a 200 ° C / 400 ° F / marca de gas 6 y hornee por 25 minutos más hasta que esté dorado y hueco. -sonido cuando se golpea la base.

Pan de Arroz y Almendras

Rinde una barra de 900 g / 2 lb

175 g / 6 oz / ¾ taza de mantequilla o margarina, ablandada

175 g / 6 oz / ¾ taza de azúcar en polvo (superfina)

3 huevos, ligeramente batidos

100 g / 4 oz / 1 taza de harina común (para pan) fuerte

5 ml / 1 cucharadita de levadura en polvo

Una pizca de sal

100 g / 4 oz / 1 taza de arroz molido

50 g / 2 oz / ½ taza de almendras molidas

15 ml / 1 cucharada de agua tibia

Batir la mantequilla o margarina y el azúcar hasta que esté suave y esponjoso. Poco a poco, bata los huevos, luego agregue los ingredientes secos y el agua para hacer una masa suave. Forme un molde (molde) para pan engrasado de 900 g / 2 lb y hornee en un horno precalentado a 180 ° C / 350 ° F / marca de gas 4 durante 1 hora hasta que se dore y suene hueco cuando se golpee la base.

Bizcochos crujientes

Rinde 24

675 g / 1½ lb / 6 tazas de harina común (para todo uso)

15 ml / 1 cucharada de crémor tártaro

10 ml / 2 cucharaditas de sal

400 g / 14 oz / 1¾ tazas de azúcar en polvo (superfina)

250 g / 9 oz / generosa 1 taza de mantequilla o margarina

10 ml / 2 cucharaditas de bicarbonato de sodio (bicarbonato de sodio)

250 ml / 8 fl oz / 1 taza de suero de leche

1 huevo

Mezclar la harina, el cremor tártaro y la sal. Agrega el azúcar. Frote la mantequilla o la margarina hasta que la mezcla se asemeje al pan rallado y haga un hueco en el centro. Mezcle el bicarbonato de sodio con un poco de suero de leche y mezcle el huevo con el suero de leche restante. Reserva 30 ml / 2 cucharadas de la mezcla de huevo para glasear los bizcochos. Mezcle el resto con los ingredientes secos con la mezcla de bicarbonato de sodio y mezcle hasta obtener una masa firme. Dividir la masa en seis porciones iguales y darles forma de salchichas. Aplana un poco y corta cada uno en seis trozos. Colocar en una bandeja para hornear engrasada (para galletas) y untar con la mezcla de huevo reservada. Hornee en un horno precalentado a 200 ° C / 400 ° F / marca de gas 6 durante 30 minutos hasta que se doren.